**Alles ist
Allmächtig und frei im Sein!
Elke Riess**

Alles ist

Allmächtig und frei im Sein!

Elke Riess

Ein Buch aus dem WAGNER VERLAG

Korrektorat & Layout: Sandra Schmidt; www.text-theke.com
Umschlaggestaltung: www.boehm-design.de

1. Auflage

ISBN: 978-3-86683-950-2

Bibliografische Information der Deutschen Nationalbibliothek:
Die Deutsche Nationalbibliothek verzeichnet diese Publikation in der
Deutschen Nationalbibliografie; detaillierte bibliografische Daten sind
im Internet über http://dnb.d-nb.de abrufbar.

Die Rechte für die deutsche Ausgabe liegen beim
Wagner Verlag GmbH,
Zum Wartturm 1, 63571 Gelnhausen.
© 2011, by Wagner Verlag GmbH, Gelnhausen
Schreiben Sie? Wir suchen Autoren, die gelesen werden wollen.

Über dieses Buch können Sie auf unserer Seite www.wagner-verlag.de
mehr erfahren!
www.podbuch.de
www.buecher.tv
www.buch-bestellen.de
www.wagner-verlag.de/presse.php
www.facebook.com/WagnerVerlag
Wir twittern ... www.twitter.com/wagnerverlag

Das Werk ist einschließlich aller seiner Teile urheberrechtlich geschützt. Jede
Verwertung und Vervielfältigung des Werkes ist ohne Zustimmung des Verlages
unzulässig und strafbar. Alle Rechte, auch die des auszugsweisen Nachdrucks
und der Übersetzung, sind vorbehalten! Ohne ausdrückliche schriftliche
Erlaubnis des Verlages darf das Werk, auch nicht Teile daraus, weder
reproduziert, übertragen noch kopiert werden, wie zum Beispiel manuell oder
mithilfe elektronischer und mechanischer Systeme inklusive Fotokopieren,
Bandaufzeichnung und Datenspeicherung. Zuwiderhandlung verpflichtet zu
Schadenersatz. Wagner Verlag ist eine eingetragene Marke.
Alle im Buch enthaltenen Angaben, Ergebnisse usw. wurden vom Autor nach
bestem Wissen erstellt. Sie erfolgen ohne jegliche Verpflichtung oder Garantie
des Verlages. Er übernimmt deshalb keinerlei Verantwortung und Haftung für
etwa vorhandene Unrichtigkeiten.

Druck: dbusiness.de gmbh · 10409 Berlin

Inhaltsverzeichnis

1 EINLEITUNG 10
1 Meiner inneren Stimme folgen 10
2 Zum Buch „Alles ist" 12
3 Meine Sprache 14

2 ÜBER MICH 15

3 MENSCHEN/SEIN 34
1 Menschsein 35
  1.1 Erfahrungswelt – Mensch 39
    1.1.1 Sich klein machen 39
    1.1.2 Auf Mangel und persönliche Schwachstellen konzentrieren 42
    1.1.3 Sich mit Menschsein identifizieren 43
    1.1.4 Emotionen und Gedanken als Energiefelder 44
    1.1.5 Verstand 45
    1.1.6 Einstellungen und Glaubenssätze 47
    1.1.7 Krankheit 48
    1.1.8 Geburt/Tod 50
    1.1.9 Aufopfern für andere aus fehlender Selbstermächtigung .. 51
  1.2 Sich ernst nehmen 52
  1.3 In seiner Kraft sein 54
2 Sein 56

4 ALLES IST 63
1 Erleuchtung/Erwachen 68
2 Gibt es denn einen Sinn? 71

3 Gibt es noch Ziele? 72

4 Tischgesellschaft 75

5 ERFAHRUNGEN 84

1 Lauschen 84

2 Was dir alles begegnen kann 86

3 Widerstand 90

4 Multidimensionalität 93

5 Frei sein 94

6 Und dann … 96

6 ANREGUNGEN 99

1 Beobachte deine Gedanken und Gefühle 101

2 Stoppe bewusst Gedanken und Gefühle 101

3 Dein Sein wird vom Menschsein nicht gestört 101

4 Begebe dich so viel wie möglich in Stille 102

5 Beobachte deine Sprache 103

6 Rechtfertigung – Klarheit 103

7 Fokus 104

8 Ich bin 106

9 Ressourcen 107

10 Lausche deiner inneren Stimme 108

11 Verantwortung 109

„Das Glas Wasser" 110

Meditationsreise 111

1 EINLEITUNG

Ich starte nun dieses Buch ein zweites Mal. Bei dem Durchlesen der ersten paar Seiten wurde mir bewusst, dass meine Art zu schreiben nicht verständlich war. Ich ging davon aus, Menschen hätten ähnliche Erfahrungen wie ich.
Doch mir wurde plötzlich klar, dass das nicht mehr der Fall war. Seit den letzten Jahren erfuhr ich so viel Unglaubliches und erlebte große Veränderungen. Außerdem war ich als Mensch durch meine Erleuchtung nicht mehr existent.

Ich bin wahrhaftiges Sein und vollkommen frei.

1 Meiner inneren Stimme folgen

Ich verbrachte drei Monate in Florida, in Stille. In dieser Zeit flüsterte mir eine Stimme, ich nenne sie hier „meine innere Stimme", ins Ohr: „Du musst ein Buch schreiben."
Mein Kommentar dazu war schlichtweg: „Schöne Idee, aber ich habe nichts zu berichten." Und gleichzeitig wusste ich aus meiner Erfahrung der letzten Jahre, dass diese Stimme nicht scherzte. Was nicht heißt, dass sie auch Humor besitzt. Doch hier gab es eine klare Botschaft.

Somit wurde ich zurück nach Neuseeland geführt. Ich fand mich wieder in einem Haus am Berg mit Blick auf das Meer. Es war genau die Stelle, an der ich bei meiner ersten Reise in dieses Land dachte, dass ich da gerne leben würde. War das Zufall? Glück?

Somit wurde für den passenden Platz gesorgt, um mich auf das Abenteuer dieses Buches einzulassen.

Doch da stürzte erst mal nur eine Welt zusammen!

Der Inhalt sollte meine Erfahrung sein, dass alles ist. Ein Blick in den Spiegel ließ mich nicht nur an dieser „Kraft" und Möglichkeit zweifeln, sondern legte ein klares Veto ein.
Mein Körper war sichtbar in einem Sterbeprozess. Ich dramatisiere hier kein bisschen.
Ich hatte seit Monaten nicht mehr übersehbare Anzeichen und Symptome. Wie konnte ich diese nur ignorieren? Es war wie ein Theaterstück, in dem ich Zuschauer war.
Ich nenne nur ein paar Hinweise, die mir der Körper mitzuteilen „versuchte": Haarausfall, inzwischen so weit fortgeschritten, dass man meinen konnte, ich sei in Chemotherapie. Körperliche Schmerzen, die meine Beweglichkeit einschränkten, Herzschmerzen, gelbe Haut aufgrund einer Lebererkrankung und massiver Alterungsprozess. Augen, die ich kaum mehr öffnen könnte. Nieren- und Blasenschmerzen, Hautirritationen und immer weniger Kondition. Ich könnte die Liste noch fortführen.
Ich hatte alle Fähigkeiten als Heilerin, was auch ausschließlich meine Arbeit der letzten Jahre war.
Was war mit mir passiert? Wodurch war diese Ignoranz mir gegenüber entstanden? Wie grotesk erschien mir die Szenerie: Ich habe gerade ein Buch über Allmächtigkeit geschrieben, in dem es um die Macht des Seins geht.
Mit der kleinen Schwachstelle, dass ich bis zur Veröffentlichung nicht mehr am Leben bin.
Ich schreibe das bewusst so sarkastisch, weil es sich in mir genauso anfühlte.
Dieses Buch wollte geschrieben werden. Gleichzeitig wurden mir durch diese Aufgabe die Augen geöffnet.

Die ersten Wochen in dem Haus am Meer stellten eine mächtige Herausforderung dar. Ich saß oder lag tagelang und durfte mich selbst heilen. Ich wusste, dass diese Fähigkeit für mich genauso eingesetzt werden konnte, wie für alle anderen, mit denen ich gearbeitet hatte.

Der erste wesentliche Einstieg in meinen Heilungsprozess war, mich und mein Dasein ernst zu nehmen.

Ja, ich bin vollkommen gesund, während ich dieses Buch schreibe! Es gibt Wunder und Kräfte, die nicht nur ich, sondern auch jeder andere erfahren kann. Ich danke für dieses Geschenk.

2 Zum Buch „Alles ist"

Was ich in diesem Buch schreibe, sind ausschließlich meine Erfahrungen. Es sind keine Konzepte, nichts Ausgedachtes und keine Fiktion.

Ich möchte etwas mitteilen, was vielleicht in dir etwas zum Klingen bringt, dich erinnert und aufwachen lässt.

Es ist ein Angebot, eine Art Einladung, die dich neugierig machen kann und Mut gibt, wissen zu wollen, wer du wirklich bist. Und du dir damit ein Leben gestalten kannst, was in Freiheit ist.

Du musst hier nichts verstehen, glauben oder kopieren. Du bist einmalig und deine Erfahrungen werden vielleicht andere sein als meine.

Wir werden uns in der Freude und Großartigkeit des Seins begegnen.

Ich weiß, dass im Sein alles ist. Sein IST allmächtig.

Menschsein ist eine winzige kleine Box, eine Illusion. Es ist nicht deine Wahrhaftigkeit. Es ist nicht, wer du wirklich bist! Du bist FREI!

Ich schreibe ein Buch aus der Fülle und Freude und nicht aus Mangel und Leid.
Mir liegt es am Herzen, etwas mehr Einblick in das menschliche Sein, seine festgefahrene Form und Programmierung zu geben. Am Ende des Buches findest du Anregungen, wie du dich Schritt für Schritt aus der Dichte der Konditionierung befreien kannst. Es sind alles Übungen, die ich in den letzten Jahren meiner Selbsterforschung praktiziert habe. Vielleicht ist die eine oder andere hilfreich.

Obwohl wir immer im Sein sind, braucht es erst mal eine Fokussierung, um die Illusion Mensch aufzulösen.
Dieses Buch erzählt nicht nur über „Erleuchtet sein". Meine Lebensaufgabe, mein Dharma, ist es, die Allmächtigkeit und Großartigkeit des Seins lebendig und sichtbar werden zu lassen.
Die Kraft, die in dir wirklich steckt, zeigt sich jeden Tag, wenn du deinen Fokus darauf richtest.
Du wirst in diesem Buch immer wieder auf Wiederholungen stoßen. Sie sind wie Mantras, die dich tief in deinem Inneren erinnern, wer du wirklich bist.

Wahres Sein hat keine Worte!
Somit ist jede Art der Beschreibung nur ein Andeuten.

Die Erfahrung selbst ist sprachlos!

3 Meine Sprache

Es mag dir auffallen, dass ich bestimmte Worte oder Begriffe in diesem Buch nicht verwende. Und andrerseits manche immer wieder genannt werden.
Das ist kein Zufall!

In den letzten Monaten hat sich in mir etwas so grundsätzlich verändert, dass ich bestimmte Worte nicht mehr denken, formen und aussprechen kann. Es ist mir nicht möglich, sie über die Lippen zu bekommen. Es gibt eine Erinnerung daran, doch auch sie schwindet immer mehr.
Es fühlt sich in keiner Weise beängstigend an, sondern ich beobachte und es hat in sich eine Natürlichkeit.
Bevor diese „Sprachlosigkeit" eintrat, wurde mir gezeigt, dass manche Worte Programme bedienen und die menschliche Form festhalten.

Im Sein hat das alles keine Bedeutung, weil sie alles und nichts ist. Doch solange Menschen mir begegnen, dient mein Sprechen der Befreiung und des Erkennens ihres Seins. Mein Text in diesem Buch und meine Sprache sind aus dem Freisein und kommen aus dem Moment des wahrhaftigen Seins.

(Bereits am Ende dieses Buches fallen weitere Begriffe aus meinem Denken und Sprechen weg, die hier noch niedergeschrieben wurden. Es sind Worte, die ausschließlich in der Illusion erscheinen. Im Sein sind sie nicht vorhanden. Und doch waren sie für diesen Text noch wichtig.)
Worte können die Wahrhaftigkeit nicht SEIN, nur darauf deuten.

2 ÜBER MICH

Ich hätte nicht gedacht, dass ich nochmals über mich und meine Erfahrungen berichten würde. Mein Leben fühlte sich abgeschlossen an und ich hatte alle Zeugnisse, Fotos und Papiere in den Müll geworfen. Ich empfand es anstrengend und langweilig über meine Vergangenheit zu sprechen.
Doch im Zusammenhang mit diesem Buch kehre ich zu bestimmten Schauplätzen zurück.

Bereits in meiner Jugend fand ich das Leben und Menschsein fragwürdig. Mir fehlte etwas. Ich beobachtete Menschen und stellte fest, dass sie nicht die Wahrheit sagten und lebten. Sie schienen größtenteils mit denselben Themen und Problemen zu kämpfen.
Ich wollte wissen, wer ich wirklich bin.

Die Erziehung meiner Eltern empfand ich als unbefriedigend. Es waren Regeln und Prinzipien, die sie mir nicht erklären konnten. Man musste eben so sein.
Schule erlebte ich als reinsten Horror! Ich schien die Art der Wissensvermittlung nicht begreifen zu können und erfuhr, was es heißt gestresst zu sein.
Ich lernte zu überleben.

Was mir in dieser Zeit Kraft gab, war diese innere Stimme, die niemand und nichts zum Schweigen bringen konnte: „Es gibt das Licht am Ende des Tunnels. Halte durch, du wirst frei sein!" Das half mir in den Momenten, in denen ich mich nur mehr nach Stille sehnte und einfach in Ruhe gelassen werden wollte.
Ich wusste, dass ich nicht so leben wollte und konnte wie die meisten Menschen.

Es fühlte sich nicht befriedigend an und sie wirkten keineswegs glücklich. Menschsein schien aus ein paar Punkten zu bestehen, die man schaffen musste: Beruf, Geld verdienen, Haus, Auto, Beziehung, Familie, Rente.
Wie konnte ein so kreatives Wesen wie der Mensch sich auf so wenig limitieren und ewig leiden?

Mein Freisein ließ noch etwas auf sich warten. Zuerst folgte ein nicht ganz freiwilliges pädagogisches Studium. In dieser Zeit flossen viele Tränen, hauptsächlich vor Wut und Verzweiflung über die erlebte Fremdbestimmung und den Zwang. Ich hasste Schule mit ihrer Form von Unterdrückung und nun durfte ich mir nochmals die Seite der „Mächtigen" ansehen und in ihre Rolle schlüpfen. Das war sicher nicht mein Weg.
Ich ließ nicht locker und schaffte es, meinen Traumberuf Tänzerin umzusetzen. Doch die Tanzausbildung war nicht annähernd das Licht am Ende des Tunnels. Im Tanz selbst erfuhr ich meine Freiheit und Freude. Doch die Strukturen waren wieder Machtspiele.
Am Ende der Ausbildung hatte ich einen schweren Verkehrsunfall. Ich musste wieder gehen lernen. Mit einem Nagel und Schrauben im Bein hatte ein Trauma eine Verbindung zwischen Gehirn und Gehbewegung gelöscht.
Jetzt bekam ich eine Idee von diesem Licht! Da, wo es richtig finster hätte werden können, leuchtete es ganz selbstverständlich.
Ich hatte wunderbare Therapeuten, kam in Kontakt mit Energiearbeit, begann Yoga und verschlang esoterische Bücher. Gleichzeitig entwickelte ich unglaublich viel Kraft und Vertrauen in meine Genesung. Ich wusste, dass ich wieder tanzen konnte.

Acht Monate nach dem Unfall wurde ich bei einem Vortanzen in der bayerischen Staatsoper genommen.
Das Licht schien einen Dimmer eingebaut zu haben. Es wurde wieder phasenweise ganz schön dunkel in meinem Leben. Der Traumberuf war nicht gepaart mit ständigem Hochgefühl. Im Gegenteil: Ich liebte es zu tanzen, doch eignete ich mich nicht für das Benutzt-Werden in diesem Job.

Seit meiner Jugend hatte ich Probleme mit dem Rücken. Ich bekam an mehreren Stellen Bandscheibenvorfälle. Grauenvolle Schmerzen forderten mich auf, noch tiefer in meine Psyche einzutauchen. Ich machte Therapien, lernte Körper- und Bewusstseinsarbeiten.
Es musste eine Lösung in meinem Leben und aus meinem Dilemma geben. Ich wusste intuitiv, dass es da etwas Größeres gab, was mir helfen konnte.
Ich wollte Menschsein verstehen.

Trotz all meinem Wissen über Anwendungen von Therapien und Bewusstseinsarbeit ging mein Leid weiter. Ich lernte viele Formen von Energiearbeit und sprach meist sofort auf diese Behandlungsformen an. Es fiel mir leicht, mich in dieser energetischen Welt zu bewegen.
Während dieser Zeit wurde mir auch bewusst, dass ich Menschen helfen wollte. Es erfüllte mich.
Tanz und Musik begleiteten mich weiterhin, doch es war nicht mehr ausreichend.
Ich war Anfang dreißig, als sich wieder einmal eine große Leere auftat. Ich hatte Arbeit, die mich mehr oder weniger erfüllte, eine Wohnung, Beziehungen und war deprimiert. Ich konnte die menschliche Liste weiterhin ableben, doch in mir war ein Suchen: Wer bin ich? Wozu das alles?

Das „Licht" brachte mich in Kontakt mit einer Frau, die mir über Erleuchtung und wahres Sein erzählte. Da war es! Endlich nach Hause kommen!
Ich las über sämtliche indische Meister, über Zen und über das Sein. Bücher halfen mir über das Gefühl von Leere, Frustration und Zweifel hinweg.

Mitte dreißig hatte ich zwei Wünsche. Ich war der menschlichen Erfahrungen überdrüssig und ich empfand nichts mehr anderes als wichtig.
Ich „wollte" Erleuchtung und ich wollte wissen, was der Tod ist. Wobei ich ahnte, dass durch das Erkennen meines wahren Seins der Tod verschwinden würde.
Beides trat ein.

Mein Aufwachen passierte bei einem Lauf durch den englischen Garten in München. Dieser Moment war so unglaublich ..., simpel und berührend, dass ich einfach nur herzhaft lachen musste.
Davor gab es schon Hinweise, dass ich diese Erfahrung machen würde.
Ich beschäftigte mich damals ausführlich mit Pendeln, Kinesiologie und bioenergetischer Resonanztherapie. Jede Kleinigkeit wurde von mir getestet, gefragt und mit Symbolen versehen. Ich verbrachte jede freie Minute mit der Erforschung meines Selbst.
Es wurde für mich normal, meiner Intuition zu vertrauen, auch wenn ich durch das Pendel oder den Fingertest nachprüfte.
Ich erlebte Phasen, in denen ich vor mein Bücherregal treten sollte und bestimmte Bücher rausnehmen und Seiten aufschlagen. Daraufhin las ich die innerlich genannten Absätze

mit dem Bewusstsein, dass für mich eine Botschaft, ein Hinweis oder Downloads enthalten sein würden.

Vor meinem Erwachen hatte ich mehrmals die Erfahrung gemacht, Bücher in der Hand zu halten und jedes Mal schlug ich Seiten auf, wo nichts stand. Ein weißes Blatt Papier irgendwo in der Mitte von Texten.

Als ich das Erlebnis im englischen Garten hatte, ahnte ich schon, dass so etwas eintreten konnte.

Mein zweiter Wunsch im Bezug Wissen um den Tod war durch die erste Erfahrung nicht mehr beängstigend. Als ich das erleben durfte, konnte ich kaum glauben, dass Menschen so viel Angst davor hatten.

Ich war weiterhin daran interessiert, diesem Dasein noch mehr „Tiefe" zu geben. Meine Lebensaufgabe in diesem Sein schien die Erforschung der Illusion Mensch zu sein.

Alles, was ich gelernt hatte, führte kurz oder lang in eine Art Sackgasse. Jedes Mal stieß ich auf eine Limitation im System. Nichts konnte alles begreifen oder klären.

Meine Bandscheiben hatten sich wohl vollständig regeneriert, was schulmedizinisch nicht möglich ist. Trotzdem hatte ich immer wieder Schmerzen.

Diese Form des Lebens war für mich keine Befriedigung. Zu viele Fragen blieben offen und Menschen gaben sich einfach damit zufrieden!

Mein „Aufwachen" ließ wohl eine ganz neue Erfahrungswelt und Sichtweise auf mein Dasein zu. Doch damit eröffnete sich für mich noch kein Freisein. Das „Wissen" um die Illusion war keine Erfüllung.

Ich konnte mich damit nicht gelassen zurücklehnen, sondern weiterhin gab es ein Drängen.

Meine Beschäftigung dehnte sich auf morphogenetische Felder, Bewusstseinsforschung, Stringtheorien und Multidimensionalität aus. Alles brachte Seiten in mir zum Klingen. Es gab etwas viel Größeres da draußen und in mir, als ich mir vorstellen konnte.
Ich wurde Werkzeug für diese Großartigkeit.

Es geschah im Jahre 2006, dass mein Leben eine riesige Wandlung nahm. Ein Teil meiner beruflichen Tätigkeit war damals Energiearbeit. Jegliche Freizeit nutzte ich für energetische „Experimente" an mir. Ich hatte nur einen einzigen Fokus: frei sein! Und das Wissen: Alles ist möglich!
Das mag komisch klingen, wenn man bereits „erleuchtet" ist. Doch wie ich schon geschrieben habe, ich erlebte darin keine Freiheit.
Etwas musste immer noch bestimmten Regeln folgen und hatte Dramen. Klar, ich konnte sie nicht persönlich nehmen. Und doch war da diese Großartigkeit im Sein und dann gab es diese „langweilige, enge" Illusion Mensch. Mit dem Aufwachen allein war es nicht getan, es brauchte weiterhin den Fokus auf das Sein.
Es passierte Schritt für Schritt, dass ich hellsichtig, hellhörig und hellfühlig wurde. Irgendwer war sehr bedacht, dass ich dabei nicht verrückt wurde. Ich erlebte körperliche Veränderungen, hatte ein Jahr lang jede Nacht tiefrote Augen, eigenartige energetische Zustände und Erscheinungen.
In meiner Praxis konnte ich bei Menschen in den Körper sehen. Ich wusste um ihre Krankheiten und bekam die Fähigkeit, diese zu heilen.
Ich hatte Einblick in die Lebensgeschichten, je nachdem was gerade die Priorität war.
Egal, um was es sich handelte: ob um Gesundheit, um Besitz, Geheimnisse von früheren Generationen oder Be-

ziehungen. Nichts, gar nichts blieb verborgen. Ich nannte es „in die Bücher schauen".

Meine Aufgabe bestand darin, diese zu balancieren, zu neutralisieren oder zu heilen. Mir wurde gezeigt, was ich zu tun hatte. Manches geschah so schnell, dass ich es bewusst gar nicht fassen konnte. Doch im Nachhinein war es mir möglich, genau zu beschreiben, was gemacht wurde.

Ich musste nur vertrauen und es geschehen lassen. Alles andere ergab sich wie von selbst.

In dieser Zeit unternahm ich zwei Reisen, die mir von meiner inneren Stimme genannt wurden. Ich sollte an bestimmte Plätze fahren und dort schreiben und einfach sein. Ich vertraute diesen Eingebungen, auch wenn es mir an den Orten teilweise gar nicht gut ging. Zweifel und Ängste klopften an.

Meine einzige Führung kam aus der geistigen Welt. Keine Menschenseele wusste, was mit mir geschah und konnte mich unterstützen.

Wenn ich im Vertrauen, in Stille und im Sein war, dann erlebte ich einfach Gnade.

Schaltete sich menschliches Bewusstsein mit dem Verstand ein, stellte ich alles infrage.

Was mir in dieser Zeit der Wandlung half, waren die Erfahrungen und Ergebnisse meiner Heilarbeit.

Es blieb nicht nur bei den Geschichten der Menschen. Ich bekam Zugang in das gesamte Universum und darüber hinaus. Es schien endlos.

Jegliche Frequenzen, Programme und Energiefelder erlaubten mir Einblick und Zugriff. Ich musste nur vertrauen und abwarten, was mir gezeigt wurde. Manchmal hatte ich keine Ahnung, was diese Informationen darstellten. Dann blieb ich einfach so lange sitzen, beobachtete die gesamte Szenerie, bis mir Worte und Begriffe durchgegeben wurden.

Es war wie eine Schulung. Alles geschah einfach. Ich war nur präsent.
Ich kann es nicht in Worte fassen, wie meine Wahrnehmung und mein alltägliches Leben in eine völlig neue Dimension geführt wurden.
Da gab es das Sein und in diesem Sein tauchten all diese grenzenlosen Erfahrungen auf.

Meine innere Stimme forderte mich auf, alle anderen Tätigkeiten zu beenden und mich ausschließlich auf diese Heilarbeit zu konzentrieren. Es hieß, ich solle mir keine Sorgen machen, es wird in Fülle für mich gesorgt.
Sein/Menschsein hin oder her, ich musste immer noch Miete zahlen.
Ich vertraute und gab unter anderem mit schwerem Herzen den Tanz auf. Meine Praxis füllte sich und zusätzlich erhielt ich noch von anderen Menschen Unterstützung.
Und schon wurde mir mitgeteilt, ich solle Seminare und Vorträge halten. Und gleichzeitig wollte auch meine Umwelt mehr von meiner Arbeit wissen.
Es entstand eine Reihe von Seminaren mit dem Inhalt: „Sei in deiner Kraft, erweitere dein Bewusstsein und lebe, was und wer du wirklich bist."
„Zufällig" kam zur selben Zeit der Film und das Buch „The Secret" auf den Markt. Plötzlich erschien aus allen Ecken das Thema: Du kreierst deine eigene Welt! Du kannst dir alles wünschen und das Universum gibt es dir.

Ich hielt Vorträge über Quantenbewusstsein und 2012. Nichts davon hatte ich in meinem früheren Leben studiert.

Es floss einfach aus mir heraus. Ich wusste zu diesen Themen Bescheid. Jede Frage konnte Antwort erhalten.
Es war mir möglich, die Lebensaufgabe, das Dharma, bei Menschen zu sehen.
Ich unterrichtete sie in der Methode des Löschens (siehe Kapitel 6 „Anregungen") und über ihre Kräfte der Selbstheilung. Ich arbeitete Tag und Nacht, sieben Tage in der Woche. Die Zahl der Menschen, die Hilfe brauchten, schien nicht enden zu wollen.
Und rückblickend hatte ich in mehr als 100 000 Bücher von Menschen geschaut und darin „gearbeitet". Ich kannte diese Spezies mit ihrem Repertoire nun in- und auswendig.

Meine Erfahrung zeigte mir den Menschen als Energieform, die sich auf fünf bis sechs Themen reduzierte und diese in 1000 Variationen lebte. Das Ganze verpackt in Leid, Hass, Wut, Lüge, Selbstzerstörung und Selbstmitleid. Und mit einem Sehnen nach Geliebtwerden, Anerkennung, Fülle und alles ist gut.
Es taten sich so viele neue Fragen in mir auf und manchmal einfach nur Verzweiflung. Was war mit dem allmächtigen Wesen Mensch passiert, dass es sich in dieser Trance und Box befand?

Unmengen an Bücher schrieben von dem spirituellen Wesen Mensch! Ich konnte weit und breit niemanden entdecken, bis heute nicht. Da es so etwas nicht gibt.
Entweder du bist in deinem wahrhaftigen Sein, und das hat nichts mit Spiritualität zu tun, oder du glaubst ein Mensch zu sein, und das ist Illusion.

Meine Arbeit ließ mich mit Menschen zusammenkommen, die alle wussten, was sie NICHT wollten (Mangel) und

stereotyp Wunschlisten schrieben oder nicht wussten, was sie wollten.
Wo war die Freude, Fülle, Großartigkeit und Freisein?

Es erstaunte mich aus zwei Gründen:
1. In meinem Leben interessierte mich ausschließlich die Frage, was möchte ich leben, was erfüllt mich und warum bin ich, wie ich bin?
2. Warum hatten so viele Menschen nicht ihr Dasein hinterfragt? Was ließ sie jeden Morgen aufstehen und leben?

Ein anderes Phänomen war auffallend. Menschen setzten unglaublich niedrige Anforderungen an das Leben und vor allem: Sie waren austauschbar. Man hätte meinen können, alle hatten dieselben Kassetten eingelegt.
Ich sah in ihren Energiefeldern, dass ihre Sätze nicht von ihnen aus ihrer Wahrhaftigkeit kamen. Es waren unreflektierte Worthülsen, Wiederholungen und Lügen aus Medien, Erziehung und Gesellschaft.

Wenn sie aus ihrer Visions-/Wunschliste erzählten, entstand kein leuchtendes Energiefeld, in dem ihre Botschaft geschrieben war. Ich konnte nicht sehen, was ihnen wirklich am Herzen lag. Wie sollte dann ein Universum in Resonanz damit gehen können?
Aus meiner eigenen Erfahrung wurde mir klar: Wer wirklich sein und leben wollte, was ihn erfüllt, der hatte richtig Arbeit vor sich. Ein Teil bezog sich auf Fokussierung, was man sich wünschte (Näheres dazu siehe Kapitel 6 „Anregungen") und der andere Teil war, Gewohnheiten zu erkennen und zu beenden. Und die größte Herausforderung war und ist: Da draußen gab es so ziemlich niemanden, der sich in dieser Kraft befand und einen durch sein Sein unterstützte.

Durch meine Arbeit wurde Schicht für Schicht sichtbar, wodurch die menschliche Erfahrung auf der Erde diese Enge und Frustration erfuhr.

Das Konzept „Menschsein" erwies sich als scheinbare Trennung zur Allmächtigkeit. Wenn Mensch wegfällt und nur das Sein und seine ganze Macht, Kraft und Grenzenlosigkeit bleibt, dann IST ALLES!

Das Programm oder die Box „Mensch" basieren auf Leid, Selbstsabotage, Mangel und in jegliche Richtung Limitation. Das ist nicht SEIN!

Weder Buddha, Krishna noch Christus haben diese Botschaft vermittelt. Sie alle machten die unendliche Kraft, die Allmächtigkeit sichtbar! Und sie wurden aus demselben Sein „gespiegelt" wie jedes „menschliche" Wesen auf diesem Planeten.

Es vergingen drei intensive Jahre, in denen ich Dinge erfuhr und erlebte, die ich mir nicht träumen hätte lassen. Es beinhaltete das ganze Spektrum Menschsein: wunderbar bis grauenvoll.
Ich wurde immer erschöpfter und reduzierte meine Arbeit. Körperliche Symptome zeigten mir, dass ich mich um meine Gesundheit kümmern musste. Ich wusste, dass nicht die Heilarbeit mich krank machte, sondern mein Umgang mit mir selbst.

Heute habe ich das gesamte Bild vor mir, wodurch ich so schwer krank wurde.
Es hatte nicht mit dem Heilen zu tun. Dieses geschah aus dem wahrhaftigen Sein und konnte einfach durch mich in Erscheinung treten.

Sondern es waren die Momente, wo ich sozusagen privat wurde. Ohne es zu merken, glich ich mich den Mitmenschen an und schlüpfte in das Muster „Sich-klein-Machen". Außerdem hatte ich in meinem Leben kein Selbstverständnis zu meinem Dasein. Das heißt, ich war gewohnt, anderen etwas abzunehmen und es in mich rein zu nehmen. Ich glaubte dadurch unbewusst, eine Daseinsberechtigung zu haben.

In den letzten Jahren nahm ich mir keine Pausen mehr. Ich arbeitete immer, ob privat oder beruflich. Es ergaben sich Schlupflöcher, wo Krankheitsbilder und Fremdenergien in mir ihr Zuhause fanden.
Das Fass ging über. Das, was mir im Spiegel begegnete, war nicht mehr ich. Deswegen reagierte ich auch nicht auf die Erscheinungsbilder der Krankheiten.
Mein Sein hat das nicht berührt. Es ging ja um die Illusion Körper. Daher erlebte ich aus meinem Sein völlige Stille und Gelassenheit in dieser Zeit.

Mehr als ein halbes Jahr, bevor ich mein gesamtes Lebenskonzept aufgab, teilte mir meine innere Stimme mit, dass ich mit der Heilarbeit aufhören sollte. Es sei alles da und es gäbe für mich nichts mehr zu tun.
Ich hielt trotzdem an meinen bereits vorhandenen Planungen fest und unterrichtete noch Seminare und gab die letzten Sitzungen. Nach jeder Arbeitsphase fühlte ich mich erschöpfter und die körperlichen Schmerzen wurden zunehmend mehr.
Tja, ich hätte auf meine Stimme hören sollen. Doch ich war geübt im Durchhalten.

Auch wenn ich immer noch meine Arbeit gerne machte, sah ich den Sinn darin schwinden. Eine unglaublich geringe Zahl von Menschen „bewegte" sich, der Großteil blieb in seiner Box stecken. Der Verstand wollte mir klar machen, dass ich versagt hatte. Doch in mir gab es eine Empfindung, die mir mitteilte, dass alles so stimmig war.
Es war ja nicht MEIN TUN, was irgendetwas bewegte. Ich war ein Wegweiser.

Menschsein ist frei. Jeder kann entscheiden, wie er leben möchte. Auch wenn das im ersten Moment nicht so aussehen mag. Und es bedarf Mut, Hingabe und einen klaren Fokus, wenn du wissen willst, wer du wirklich bist. Dadurch kann der Schleier der Illusion sich lüften. Und gleichzeitig ist da kein Schleier, es ist immer nur Sein.

Im Herbst 2009 hatte ich eine klare Eingebung, dass meine Zeit auf diesem Planeten zu Ende war und ich an einem bestimmten Datum im Januar 2010 ins Licht gehen würde.
Daraufhin löste ich alles auf, wirklich alles. Ich verabschiedete mich von allen Freunden, Bekannten und meiner Familie und reiste Anfang November nach Neuseeland.

Es hieß, dass die Wale noch Hilfe brauchten und gleichzeitig wollte ich gerne noch meine „restliche" Zeit am Meer und in der Sonne verbringen.
Sich auf einen Koffer zu reduzieren und alles hinter sich zu lassen, ist an sich schon eine sehr spezielle Erfahrung. Ich hing an keiner Materie und die Aussicht, diese Illusion Leben zu beenden, fühlte sich vollkommen entspannt und stimmig an. Ich hatte so viele Erfahrungen in diesem Menschenleben gemacht, dass ich nicht den Eindruck hatte, mir würde aus

dieser Box noch etwas abgehen. Und ich war „menschenmüde" geworden.
Mein einziger Wunsch war es, noch ein wenig am Meer zu sein und dieser ging nun in Erfüllung.

Es folgte eine Zeit der Stille. Ich hatte außer zu einer Freundin alle Kontakte abgebrochen und erlebte weiterhin eine intensive Schulungszeit. Jeder Tag war eine neue Herausforderung und Sein. Ich genoss die äußere Ruhe und die innere Stille. Ich lernte, in mich zu lauschen und machte weiterhin scheinbar nie enden wollende Erfahrungen mit Energiefeldern.
Ich merkte, wie Menschenkommunikation, ob schriftlich oder mündlich, mich unbeschreiblich anstrengte.
In/mit mir ging etwas vor, das mit der menschlichen Frequenz nichts zu tun hatte.
Schon bald war mir klar, dass mein „Ins-Licht-Gehen" wohl stattfinden würde, doch ich als körperliche Form noch bleiben sollte. Das erzeugte weder Freude noch Verzweiflung in mir. Ich ließ mich überraschen. Es war eine weitere Erscheinung in meinem Sein.
Gleichzeitig war mir bewusst, dass mein Ab- und Aufbruch in etwas Neues genauso hatte sein müssen.
Ich musste von allen Verbindungen frei sein. Es war notwendig, mich vollkommen losgelöst von der Gesellschaft zu erleben. Es war eine intensive Erfahrung von Alleinsein. Ich vermisste keinen Moment Menschen, Gespräche oder Gesellschaft. In der Natur zu sein, ihre Zeichen zu verstehen und mit ihr zu kommunizieren, war Erfüllung und Hinweis genug.

An dem besagten Datum erlebte ich, wie schon so oft in den letzten Jahren, energetische Phänomene, die sich nicht beschreiben lassen. Ich wusste, dass ich dem, was passieren würde, vertrauen konnte.

Ich war vollkommen frei! Und das nicht nur durch die äußeren Rahmenbedingungen, vor allem innerlich. Keine Idee, kein Konzept, kein Plan tauchte in dem Sein auf. Ich lebte in der Präsenz und handelte aus dem Moment.
Und meine ganze Aufmerksamkeit war von früh bis abends auf Sein und menschliches Bewusstsein fokussiert. Ausschließlich Selbsterforschung rund um die Uhr.
Ich sollte alles mitbekommen, was sich in der menschlichen Box abspielte und was es im Vergleich dazu bedeutete **zu sein**.

Aufgrund meiner Lebensgeschichte hatte ich dementsprechend bestimmte Situationen erlebt und Erfahrungen gemacht. Ich wusste, dass es zu den anderen Menschenleben nicht viel Unterschied gab. Und es nicht so sehr, oder sogar gar nicht, um die Geschichten ging, sondern vielmehr um das Wissen, dass das nicht das wahre Sein war.

Trotz all meiner Fähigkeiten und Löschmethoden musste ich durch die ganze Palette der menschlichen Dramen gehen.
Ob es sich um Schmerzen, Emotionen, Ängste, Panikattacken, Zweifel oder Gedankenschlaufen handelte, alles nahm Platz und spielte mir sein Kunststück vor.
Es fühlte sich an, als müsse ich bis ins kleinste Detail erfassen, was es mit dem Menschsein auf sich hatte. Und vor allem: Nichts davon war Realität! Nichts! Jeder dieser Dämonen kam und ging. Nichts davon war aus mir entstanden. Doch es fühlte sich so an, als wäre es meins.

Das Sein ließ sich davon nicht beeindrucken. Ich war innerlich in Stille und in der Allmächtigkeit und doch entstanden immer wieder Wellen, die durch mich durchbrausten.

Inzwischen sind es neun Monate, die ich meist in Stille und mit mir allein verbringe. In dieser Schulungszeit lernte ich zu begreifen, was das Sein denn scheinbar so schwierig machte. Ein Faktor besteht daraus, dass es da draußen niemanden gibt, der sein wahres Sein lebt. Somit ist man in seinem Sein allein.

Das wäre weiter nicht tragisch, wenn es da nicht so eine Art Schnittstelle gäbe, bei der man sich dann unbewusst der menschlichen Frequenz anpasst, um mitzuspielen und nicht aufzufallen.

In dem Moment ist man in den Feldern der Menschen und geht in deren Schwingung. Und schon beginnt das Meer zu toben. Das ist der einzige Grund, warum Erleuchtete manchmal noch menschliche Felder mitbekommen.

Im Sein erlebte ich mich klar, präsent und still. Wenn ich in diesen Anpassungsmodus mit meiner Sprache und Selbstdarstellung ging, zerlegte es mich mit menschlichem Wirrwarr. Ich konnte wohl an mein Sein wieder andocken, doch die Woge hätte ich mir sparen können, wenn ich absolut zu mir gestanden hätte (mich ernst genommen hätte!).

Menschliches Sein hinterließ leider nie etwas Angenehmes. Da der Mensch als Basis ein Leidensmuster hat.

Wie dem auch sei, ich staunte über die „Klebrigkeit" dieser Muster und erlebte teilweise grauenhafte Momente. Aus der Erfahrung meines wahrhaftigen Seins und das Wissen um seine Kraft und dass das NICHT ich war, konnte keines der Felder mir etwas anhaben.

Nach drei Monaten Neuseeland folgten drei Monate an einem Platz in Florida, wieder mit der Auflage, ich solle in Stille sein. Mein Alltag war: nach innen lauschen und sein.

Ich las Bücher, die mir sozusagen gezeigt wurden. Das heißt, ich ging in den Buchladen und bat innerlich um den klaren Hinweis, welches Buch für mich in dem Moment eine wesentliche Information enthielt. Ich kam aus dem Staunen nicht mehr raus. Mit Zufällen hatte das nichts zu tun.

Bevor ich diese Reise antrat, wurde mir mitgeteilt, dass ich in Levitation, Manifestation/Demanifestation und Materialisation geschult werden würde.
Und so geschah es auch: In den folgenden Monaten war ich mit den Veränderungen und Downloads dieser Möglichkeiten beschäftigt.
Wobei sich auch hier zeigte, dass ich das nicht mit dem Verstand oder menschlichem Bewusstsein fassen konnte. Ich erhielt Einblick in Bereiche, wofür es keine Worte gab.

Während der Zeit in Florida baute mein Körper rapide ab. Ich erlebte mich als Beobachter, ohne mich wirklich davon berühren zu lassen. In mir war Stille und Klarheit. Und ich konzentrierte mich auf meine innere Stimme. Die äußeren Hinweise wollte ich nicht wahrhaben.

Ich war so sehr gewohnt, mich nicht ernst zu nehmen und in Energiefelder von anderen zu schlüpfen oder sie in mich, dass ich in diesem Körper nicht mehr gegenwärtig war.

(Um eine Idee zu geben, was ich erlebte: Wenn ein Mensch vor mir ging und ich seine Gangart betrachtete, konnte ich diese in kürzester Zeit nicht nur imitieren, sondern sie wurde sozusagen meine. Ebenso mit Gesichtszügen oder bestimmten Energiefeldern.)

In meiner Heilarbeit war diese „Verwandlung" nicht gegeben. Da war reines Sein und wahrhaftige Kraft am Werk. In dieser Art von Präsenz gab es keine Übergriffe. Ich brauchte mich nicht schützen. Das, was da passierte, nahm sich ernst!

Der Rest der Geschichte ist bekannt. Ich kehrte zurück nach Neuseeland und hatte den Auftrag, dieses Buches zu schreiben, was wiederum zu meiner Heilung und Wundern geführt hat.

Heute bin ich frei, allmächtig und weiß: Alles ist! Und es vergeht kein Tag, an dem ich das nicht erfahren kann. Ich bin in Fülle, Freude und Staunen!

Dieses Buch ist eine Einladung an dich zu erkennen, wer du wirklich bist und zu erfahren, was im Sein an Kraft und Macht steckt.

Lasse dein Menschsein los und gebe dich hin in dein wahrhaftiges …

3 MENSCHEN/SEIN

In dem folgenden Kapitel möchte ich dir ein paar Hinweise geben, was denn scheinbar mit diesem Menschsein so eigenartig ist.

Ich verwende bewusst den Ausdruck eigenartig, da ich aus meiner Erfahrung nur schmunzeln kann, was diese Form von Illusion beinhaltet. Ich bin mir nicht sicher, ob sie so gemeint war?!

Wobei das keine Rolle spielt, da es grundsätzlich um das Thema wahrhaftiges Sein/Freisein geht und nicht wie der Mensch ein besseres Wesen werden kann, da sich diese Frage im Sein nicht stellt.

1 Menschsein

So manches habe ich ja schon in dem Kapitel 2 „Über mich" angedeutet.

Menschsein ist eine Illusion. Sie „erscheint" als Erfahrung in dem Sein. Das Sein bleibt davon unberührt. Das heißt: Wer du wirklich bist, ist unverwüstlich. Da ist Wahrhaftigkeit, Präsenz und Allmächtigkeit.

Das menschliche Sein ist darin nur eine Erscheinungsform. Doch hat diese Form eine solche Dichte erlangt und vermeintliche Realität, dass Menschen diese mit dem wahren Sein verwechseln.

Sie geben diesem Programm ihre Macht ab und lassen sich von etwas leiten, das sie unfrei erscheinen lässt und als limitiert erklärt.

Der Mensch ist ein Konzept.

Es wird wohl viel über die Großartigkeit eines spirituellen Wesens geredet, was eine menschliche Erfahrung macht. Doch es existiert weder ein spirituelles Wesen und schon gar keine Großartigkeit im Menschsein.
Ist dies nicht einfach nur ein anderes Konzept in der Erscheinung Mensch und dient als Entschuldigung, es nicht wirklich wissen zu wollen?

Ich war es leid zu lesen, dass Menschen eigentlich Lichtwesen sind und multidimensional angelegt.
Immer wieder in der Geschichte der Menschheit tauchten einzelne „Wesen" auf, die etwas Größeres und Unglaubliches sichtbar und erlebbar machten. Doch wurde das entweder nicht verstanden oder man gab sich damit zufrieden, dass das Auserwählte waren. Außerdem konnte man die Phänomene mit menschlichen Konzepten erklären, anstatt es als Erinnerung zu verstehen, wer man wirklich ist und das alles möglich ist.

Für mich war die menschliche Vorgabe nicht befriedigend. In mir gab es eine Stimme, die mir klar zu verstehen gab, dass Wunder normal waren. Wenn ich von ihnen erfuhr, waren diese Phänomene nichts Besonderes. Ich wusste tief in mir, dass alles möglich war. Und ich wollte es wieder erfahren.
Mich nährte die Erde mit ihrer Vielfalt in der Natur und ich empfand Freude und Ekstase in künstlerischen Tätigkeiten. Doch Menschen und ihre Problemwelt, die genauso meine war, langweilten und quälten mich.
Es drehte sich immer um dieselben Themen und die Art, wie sie betrachtet wurden, war auch vollkommen stereotyp.
Die Gespräche hatten meist wiederholbare Inhalte und Menschsein war reduziert auf alt werden, Ge-

wicht/Aussehen, Beruf und Frustration, Beziehung und das Nicht-verstanden-Werden vom Gegenüber, Kinder, Urlaub, Geld. Und es war wichtig, das alles durchzustehen, damit man in der Pension endlich machen konnte, was man wollte.

Ich wusste tief drinnen, dass diese menschlichen Wesen wirklich „leuchten" konnten. Ich liebte und glaubte an diesen „Kern" im Menschen. Meine gesamte Heilarbeit sollte sich später auf das Wunderbare, Grenzenlose und Einmalige in jedem Einzelnen richten.

Bevor ich meine Fähigkeiten bekam, studierte ich Bücher über das Wunder Mensch und sein Bewusstsein. Ich war mir nicht wirklich sicher, ob Menschen sich sehr von Tieren unterschieden.
Ihre Konditionierung ließ sie wie Lemminge erscheinen. Gleichzeitig war meine eigene Verzweiflung in dieser Box so groß, dass ich unbedingt mich verstehen wollte und eine Lösung, besser gesagt Erlösung, aus diesem Programm suchte. Ich erforschte jeden erdenklichen Winkel in meinem menschlichen Bewusstsein.

Die einzige Lösung ist das Erkennen meines/deines wahren Seins! Damit lösen sich die Suche und der Mensch auf. Und ALLES ist!

Wie ich schon angedeutet habe, bestanden meine letzten Monate darin, bis ins kleinste Detail eine Idee zu bekommen, was alles dieses Sein scheinbar verdeckte.

Nichts davon ist wahrhaftig. In der Illusion vom Menschsein wird vermittelt, dass du limitiert und abhängig bist.

Das stimmt nicht! Es wird Zeit für Fülle, Freisein, Kreieren und Unendlichkeit. Lass die menschliche Erfahrung hinter dir, sie ist in sich ausgereizt!

Als meine Heilarbeit mit Menschen begann, war eines in allen Energiefeldern auffallend: Sie waren dicht mit Hass, Neid, Wut und Selbstsabotage.
Die Außenwelt war nur der Spiegel von diesen Programmen. Es fehlten Selbstvertrauen, Fülle, Freude und Liebe. Die menschliche Form war an einem Punkt angekommen, wo das Alleinsein und Verbundensein mit allem nicht mehr möglich war.

2012 stand eine große Verwandlung und Transformation der Erde an. Doch der Mensch war wie abgekapselt von dieser Entwicklung. Dabei war doch alles aus demselben geschaffen worden?!

In der Illusion des menschlichen Bewusstseins hat das alles Realität und Wichtigkeit.
In dem Moment, in dem du erkennst, wer du wirklich bist, ist es nicht mehr Thema. Im Sein existieren kein Raum und keine Zeit. Es gibt keine Evolution und nichts bewegt sich irgendwohin. Und gleichzeitig bist du mit allem in Verbindung und du erscheinst in allem. Somit gibt es keine Trennung.
Wie ich schon erwähnt habe, erfuhr ich in der Zeit der Stille Heiß- und Kaltduschen, was das Thema Menschsein/Sein betrifft. Dieses Trainingsprogramm hatte einzig und allein den Zweck, alle Erscheinungsformen zu begreifen, meine Erfahrung damit zu machen und diese weiterzugeben.

Mir wurde in all diesen Erfahrungen bewusst, dass Sein wohl eine Selbstverständlichkeit war, doch immer wieder „geprüft" wurde. Das mag eigenartig klingen, doch tauchten Widerstände auf. Als gäbe es eine Instanz, die wissen möchte, ob man es mit dem Sein ernst meint.

Was bleibt, ist dein wahrhaftiges Sein, und die Prüfung wird uninteressant und verschwindet.

Es mag so klingen, als sei Menschsein so furchtbar. Doch darum geht es nicht. Ich werde in den folgenden Punkten anführen, was diese Form oder Box „Mensch" vorgaukelt und welche Wirkung sie hat. Dadurch wird es vielleicht verständlicher, warum Sein so anders ist und diese Kraft und Präsenz besitzt.

Wenn man sich bewusst macht, dass alles an Emotionen, Gedanken, Gefühlen und Zuständen nicht sein wahres Sein ist, wird man da nicht neugierig, wer man wirklich ist?
Es sind Illusionen von Konzepten und Programmen. Wahres Sein hat damit nichts zu tun. Wer du wirklich bist, hat kein Konzept und keine Erscheinungsform.

1.1 Erfahrungswelt – Mensch

1.1.1 Sich klein machen
Menschliches Bewusstsein hat bereits in der Zellmembran eine Information gespeichert, die dich schwächt. Wodurch das auch immer entstanden sein mag, es hat nichts mit Allmächtigkeit zu tun. Und diese Information wird weiterhin durch Impfstoffe verstärkt.
Was bewirkt dieses Sich-klein-Machen?

Du erlebst dich selbst als unvollkommen und empfindest vielleicht nicht einmal ein Selbstverständnis, dass es dich gibt. Somit passt du dich deiner Umwelt, Menschen und Meinungen an, um akzeptiert zu werden. Statt deine Ressourcen zu nützen, schiebst du sie anderen zu und stellst dich nicht auf deinen passenden Platz. Du kreierst unbewusst Situationen, die dich schwächen. Niemand weiß, was wirklich in dir steckt, da du dich versteckst und minderwertig behandelst. Es fehlt dir an Vertrauen in eine Großartigkeit, Vollkommenheit und Kraft.

Meine Erfahrung ist, dass ich jedes Mal zu demselben Ergebnis kam: Ich war in meiner Kraft, im Sein. Ich traf einen Menschen und bediente die Form Menschsein, damit der andere mit mir sein konnte. Dieser Gedankengang war natürlich ein Trick, um mich wieder klein zu machen. Prompt reingefallen!
Es brauchte diese Anpassung nicht und ich konnte trotzdem mit Menschen sein oder eben auch nicht.
Was jedoch bei diesem „Ich-spiele-Mensch" mit mir passierte, war Erschöpfung und ein Chaos an Emotionen, Verstandesmüll, Ängsten und Verlust von Vertrauen in meine Kraft. Ich erlebte plötzlich wieder eine unbeschreibliche Enge in meiner Wahrnehmung, in meinem Denken und Fühlen. Gleichzeitig war da auch eine Art Abhängigkeit von äußeren Faktoren wie Wetter, Gespräche, Handlungen und Planungen.
Nachdem ich mich da wieder „rausgearbeitet" hatte (siehe Kapitel 6 „Anregungen") und mich im Sein erfuhr, waren alle Wogen geglättet. Die Phase davor fühlte sich wie ein Traum, oder besser gesagt Albtraum, an.
Der Unterschied war so unbeschreiblich, dass ich glauben konnte, aus zwei verschiedenen Wesen zu bestehen.

Ein Teil meiner Lebensaufgabe war es, mein Bewusstsein auf das Erkennen von Schwachstellen zu schulen. Wo genau waren die Schaltstellen?
Sich-klein-Machen passierte mir immer wieder und nicht nur im Kontakt mit Menschen. Es gab erstaunlich viele Programmierungen, die dieses menschliche Muster aktivierten. Nur Internet und E-Mails konnten das bereits erzeugen.

Das mag verrückt klingen, doch ich wusste, dass ich vollkommen frei sein konnte. Wenn mein wahrhaftiges Sein in Erscheinung trat, dann brauchte es keine menschliche Erfahrung, die einfach mal durchging.

Alle mir bekannten Meister und Erleuchteten erzählten von weiteren Erfahrungen mit Emotionen, Gedanken und Zuständen von Angst. Doch sie gaben denen keine Aufmerksamkeit und dann verschwanden sie wieder.
Eine innere Stimme sagte mir, dass es gar keinen Kontakt mehr mit menschlichen Feldern brauchte. Die Erfahrung der Welle, die einfach durchfließt ohne Aufmerksamkeit und Anhaftung, war überhaupt nicht mehr da.
Konnte man nicht auf der Erde sein und wirklich frei sein?
Hatten nicht bereits Krishna, Buddha und Christus das vorgelebt?
Vielleicht wollten das die Menschen nur nicht wahrhaben, aus Neid und Unfähigkeit sich so ein Dasein vorzustellen.

Alle Religionen unterstützen die Information Sich-klein-Machen.
Sie beinhalten: Ich bin nicht okay, nicht vollkommen. Ich muss mich vor dem großen Meister klein machen und bitten.

Keine Religion würde sich hinstellen und sagen: „Lass das ganze Leiddrama einfach mal weg, du bist allmächtig und vollkommen frei!"
Das wäre Wahrhaftigkeit.
Und das IST dein wahres Sein!

Mit jedem Ein- und Ausatmen stell dir vor, wie du BIST …: frei, großartig, in Fülle, Kraft, Freude, Liebe …, alles ist!

1.1.2 Auf Mangel und persönliche Schwachstellen konzentrieren
Es ist ein trauriges Kapitel, dass der Mensch sich selbst als so unvollkommen erfährt. Alles ist in Fülle da, doch seine Wahrnehmung lässt ihm meistens nur die Fehler und Mängel sehen, ob bei sich oder den anderen.
Die ganze Erziehungsstruktur hat sich danach ausgerichtet. Man muss sich anpassen und das Augenmerk liegt auf Bewertung und Benotung. Es ist eben menschlich, wenn man versagt, lügt und unvollkommen ist.
Dabei geht es gar nicht darum, jemandem etwas beweisen zu müssen. Im Sein ist Allmächtigkeit. Wo gibt es da einen Mangel? Diese Idee der Unvollkommenheit ist im menschlichen Bewusstsein bereits verankert und wird durch das Konzept der Dualität noch gefüttert.
Man ist nicht gut genug, schafft zu wenig, benimmt sich nicht ordentlich, ist nicht erfolgreich. Diese Liste lässt sich unendlich fortsetzen.

Diese Konditionierung hält den Menschen die ganze Zeit beschäftigt und es kommt nie der Moment, wo man mit sich im Frieden ist.
In dem menschlichen Dasein fehlt inzwischen die Selbstverständlichkeit, dass man vollkommen ist. Und dadurch ent-

steht der Mangel an Selbstvertrauen, Eigenliebe und Akzeptanz.

In deinem wahrhaftigen Sein taucht weder der Mangel noch eine Person auf, die fehlerhaft sein könnte. Wer du wirklich bist, ist einfach nur großartig und hat mit Menschsein gar nichts zu tun.

„Du bist vollkommen. Es gibt keine Form, in die du passt. Es existiert nicht einmal eine Form. Du bist reines Sein. Du bist frei! Alles ist!"

1.1.3 Sich mit Menschsein identifizieren

Solange du glaubst, ein Mensch zu sein und Limitationen leben zu müssen, wird dein Dasein von Verstand, Glaubenssätzen, Konzepten, Mangel und Leid bestimmt.
Du bist nicht Mensch. Das ist eine Illusion, die enge Konzepte und Bedingungen mit sich bringt, die mit deiner Allmächtigkeit nichts zu tun hat. Sie gibt es gar nicht.

Wenn du dich als Mensch definierst, wird dein Handeln, Kreieren und Forschen von den Gesetzen dieser Idee bestimmt. Es mag so scheinen, als wäre da Wachstum und Evolution. Doch menschliches Bewusstsein rotiert in sich selbst.

Wie ich schon im vorherigen Absatz geschrieben habe: In dem Moment, wo ich das Feld Mensch betrete, wird es eng, anstrengend und meine Gedankenwelt ist wie eine Gehirnwäsche.

Allmächtigkeit hat kein Bewusstsein. Es ist pures, wahrhaftiges Sein. Darin ist alles möglich und enthalten.

Möchtest du wissen, wer du wirklich bist? Grenzenloses Sein. Du BIST!
(Es gibt kein Menschsein. Das ist eine Erfindung. Das, was wirklich ist, immer da sein wird, ist SEIN.)
Forsche in dir, ob es da jemanden gibt, der sich als Mensch und Ich bezeichnet!

1.1.4 Emotionen und Gedanken als Energiefelder
Menschliches Dasein baut sich auf Schwingung auf. Alles, was den Menschen umgibt und ebenso sein eigenes System, ist Energie. Diese trägt bestimmte Codierungen und Informationen.
Je nachdem ob es sich um positive oder negative Gedanken oder Emotionen handelt, entstehen dadurch hohe oder niedrige Frequenzen.

In der Identifikation Mensch kann man sich nicht außerhalb dieser Felder bewegen. Man ist im ständigen Austausch mit Informationen, die mehr oder weniger zu einem gehören.
Während meiner Heilarbeit wurde mir bewusst, dass ein Großteil dieser Gedanken und Emotionen gar nicht aus einem selber entstehen, sondern von irgendwoher mit einem in Resonanz gehen. Da es in diesen Schwingungen keinen Raum und keine Zeit gibt, kann man sie meist nicht zuordnen. Das Verrückte dabei ist, dass der Mensch keinen Unterschied merkt. Es fühlt sich an, als seien das die eigenen Gedanken und Emotionen.

Teilweise hilft es erst mal zu löschen, was nicht zu einem gehört. Damit können sich schon so manche Felder wieder auflösen.

Und die wirkliche Freiheit ist im Sein, da es weder Gedanken noch Emotionen beinhaltet, sondern sich durch Präsenz, Stille und Klarheit erfährt und darin erscheinen Impulse und Handlungen.

Es mögen manchmal noch Felder an einem rütteln, um testen zu wollen, ob man es ernst meint. Wenn da keine Aufmerksamkeit diese Energien nährt, verschwinden sie wieder. Doch wie ich schon erwähnt habe, werden die Wellen immer weniger, weil das Sein sich ausdehnt und mit Klarheit präsent und natürlich ist.

Aus diesem Sein scheint endlos an Erscheinungsformen geschöpft zu werden. Es gilt sich hinzugeben und dieser Kraft zu vertrauen.

Setze dich für einen Moment aufrecht hin, so dass dein Atem frei fließen kann. Stelle dir mit jedem Atemzug vor, wie du dich ausdehnst in eine Unendlichkeit und in Vertrauen. Alles ist!

1.1.5 Verstand

Es ist unbeschreiblich, wie viel Aufmerksamkeit diese 2 - 3 % Gedankenwelt erhält. Dabei existiert sie in der Anlage des Menschen gar nicht. Ich sehe in der Blaupause kein Gehirnareal, was dem Verstand zugeordnet werden kann. Es braucht ihn nicht! Er manifestiert sich ungefähr im dritten Lebensjahr durch die Sprache. Worte sind je nach Sprache so besetzt und verfremdet worden, dass sie als Programmierung dienen.

Wie ich bereits am Anfang des Buches geschrieben habe, gibt es Worte, die ich nicht mehr aussprechen kann und nicht mehr von mir geschrieben werden sollen, da sie Felder und Informationen beinhalten, die schlichtweg Lügen sind.

Die Aufgabe des Verstandes ist genial: Er kontrolliert, bewertet, beschwert sich, nimmt Freude, Spontaneität und Kreativität aus dem Leben durch Regeln und Konzepte, erklärt, wie die Welt ist, flößt Zweifel und Angstprogramm ein und katapultiert einen aus dem Moment.
Ich weiß, manch einer mag denken, dass der Verstand wesentlich ist, damit nicht alles drunter und drüber geht. Das soll jeder für sich mal genau durchleuchten.

Das wahrhaftige Sein braucht keine Kontrolle. Es macht Möglichkeiten sichtbar, die weit über das menschliche Verstehen hinausgehen. In ihm gibt es keine Form oder Richtlinie. In den verschiedenen Lebensaufgaben, wenn diese wahrhaftig zum Vorschein kommen könnten, würde der Mensch über die Vielfalt staunen. Und nicht nur das. Es kreiert sich aus Fülle, Freude, Liebe, Kraft und Erfüllung. Das heißt, die Erde könnte sich ganz anders darstellen! Denn was man nicht kontrollieren kann, kann man auch nicht beherrschen.

Lausche für eine Weile in dich hinein. Stell dir bei jedem Atemzug vor, wie du noch tiefer und tiefer in deine Mitte kommen kannst. „Höre" die Stille. Und sollte ein Gedanke kommen, gebe ihm ein klares Signal von „stopp". Denke den Gedanken gar nicht zu Ende, er ist nicht deiner und nicht wichtig. Dehne stattdessen die Stille in deiner Vorstellung aus und atme tief ein und aus, immer mit dem Fokus auf deine innere Mitte.

1.1.6 Einstellungen und Glaubenssätze

Schon während der Schwangerschaft werden an das Zellbewusstsein und Bindegewebe Einstellungen über Menschsein von mütterlicher und väterlicher Seite weitergegeben. Somit ergibt sich bereits eine zusätzliche Prägung zum genetischen Code, wie dieses Wesen die Welt erfahren wird. Das Ganze bekommt noch eine Verstärkung. Durch die Erziehung werden noch zusätzlich Glaubenssätze programmiert. Aufgrund von diesen Informationen entsteht eine bestimmte Erfahrung, was scheinbar den Menschen ausmacht. Diese Energiefelder erzeugen bestimmte Schwingungen, mit denen die Umwelt in Resonanz geht.
Jetzt ist die Box perfekt. Man erlebt das, was man glaubt und gelernt hat. Und kommt zu dem Schluss: So ist das Leben. Als Mensch ist man eben so.

Ich wusste immer ganz tief in mir, dass das nicht die wahrhaftig gemeinte Menschidee sein kann. Diese Box lässt so viele Fragen offen und brachte nur einen öden Beigeschmack.

Ich lernte diverse Methoden über Bewusstseinserweiterung, Auflösung von Glaubenssätzen und Einstellungen, Psychokinesiologie und Trance.
Meine Heilarbeit erlaubte mir, genetische Codes zu decodieren und zu heilen, Felder von Einstellungen und Glaubenssätzen zu löschen und zu neutralisieren.
Ja, es war und ist möglich, sein scheinbar vererbtes Material zu ändern.
Für mich war es nicht wichtig, eine neue Einstellung oder einen Programmtausch zu machen, ich wollte frei sein.

Im Sein sind keine Information, kein Glaube und keine Meinung. In dem Moment, wo die Illusion Mensch nicht mehr da ist, braucht es auch keine Auflösung, Löschung und Neuprogrammierung. Da ist keine Box. Es ist Freisein. Es handelt aus keinem Konzept oder Erziehungsmuster, sondern aus der Allmächtigkeit.

Meine Handlungen unterliegen keinen Glaubensmustern oder Konzepten. Sie geschehen aus sich selbst heraus. Ich brauche nichts kontrollieren oder an etwas zweifeln.
Die größte Herausforderung ist, dies zu zulassen, mit dem Wissen, dass etwas viel Größeres sich durch mich zeigt. Es ist mein allmächtiges Sein!

Trau dich, in den Spiegel zu schauen und zu erkennen, wer du wirklich bist. Halte nicht an dem fest, was sich zeigt. Es ist das Spiegelbild deiner Illusion, so wie du glaubst auszusehen. Es ist das Konzept Mensch, was dich ansieht. Wer du wirklich bist, ist nicht sichtbar, da es keine Form und keine Existenz hat. Und gleichzeitig ist es alles!

1.1.7 Krankheit

Ungefähr 40 % der Gedanken und Gespräche im Alltag von Menschen beinhalten Krankheit und sich schlecht fühlen. Das trägt nicht gerade zur Heilung bei. Es ist ein Gewohnheitsmuster, was Mangel und Schwächung erzeugt.
Gibt es Krankheit denn überhaupt? Oder wurde hier etwas manifestiert, was als Ablenkung und Beschäftigung dient?

Der menschliche Körper verhilft Disharmonien anzuzeigen. Eigentlich eine großartige Einrichtung. Wenn man auf der seelischen Ebene etwas nicht verdaut oder bewusst mit-

bekommt, dann zeigt spätestens eine Körperreaktion, dass etwas geheilt/in Balance gebracht werden möchte.
Der Mensch hat verlernt, diesen Signalen zu vertrauen und seine eigenen Heilungskräfte einzusetzen.

Ich könnte hier eine lange Liste an Glaubenssätzen und Programmierungen anführen, die Krankheit manifestieren. Ich habe ein paar ausgewählt, die vielleicht zum Denken anregen: unheilbare Erkrankung (Fixierung), Allergien auf Natur (man kann scheinbar in seiner eigenen Atmosphäre nicht mehr leben?), Tabletten gegen Depressionen und Schmerzen, damit man besser leben kann (keine Andeutung von Heilung, sondern Verdrängung), Impfungen gegen Kinderkrankheiten (diese dienen, um ein Immunsystem aufzubauen), im Alter wird der Körper schwach und krank (wer hat denn diese Idee aufgebracht?), Gesellschaftskrankheiten wie Rückenschmerzen, Alzheimer, hohes Cholesterin (billige Entschuldigung und Vertuschung von Problemen oder bereits die krankmachende Form des Menschen?)

Es ließe sich endlos weiterführen. In meinen Heilsitzungen wurde ich mit Aussagen im Bezug von Kranksein konfrontiert, die mich erschreckten.

Bereits in dem Konzept Menschsein hat man herausgefunden, dass sich jede Zelle im Körper teilt und erneuert. Das heißt, man hat in regelmäßigen Abständen einen vollkommen neuen Körper!

Auch wenn es sich um eine Illusion beim Menschen handelt, wie kann sich diese zu so einer engen Form entwickeln?

Dass mein Körper heute in unglaublich kurzer Zeit vollkommen geheilt ist, hat nichts mit den Fähigkeiten einer Heilerin zu tun, sondern mit dem Wissen und Einsatz von Wundern, Gnade und Kraft der Allmächtigkeit. Ich habe dabei nichts unter Kontrolle. Es sind einzig und allein mein Fokus und meine absolute Präsenz auf vollständiges Heilsein gerichtet. Im Zusammenhang mit diesem Buch sollte ich diese unglaubliche Kraft nochmals erfahren.

Es liegt an dir, ob du Opfer deiner Schmerzen und Krankheiten sein möchtest oder dich für eine neue Erfahrung aufmachst.

Nichts ist so, wie es scheint! Glaube niemandem, prüfe für dich selbst nach und vertraue deiner inneren Stimme.

Es gibt Wunder, Heilung, Grenzenlosigkeit und Freisein!

1.1.8 Geburt /Tod
Durch die Erfindung Zeit gibt es einen Anfang und ein Ende. Doch weder Zeit noch Raum existieren. Sie sind Stützen, an denen sich der Mensch meint, orientieren zu können (oder besser gesagt sich festhalten kann).
Wer du wirklich bist, ist weder geboren worden noch wirst du sterben. Es gibt da niemanden, der auf dieser Zeitspur existiert.

Diese Idee hat das menschliche Konzept perfekt in eine Box gesetzt. Vor allem der Tod bekommt eine mächtige Rolle. Man meint, dass das, was man erlebt, die einzige Realität ist. Auch wenn Menschen Leid und Frustration in dieser Box er-

fahren, möchten sie bitte trotzdem nochmals geboren werden oder ewig leben.
Es ist grotesk, wie der Mensch an seiner Form klammert. Stattdessen könnte er die Erfahrung machen, dass es keinen Anfang und kein Ende gibt. Es würde ihm helfen im Moment, im Jetzt zu sein. Es gibt im Sein kein Sterben. Niemand existiert, der irgendwo hingehen könnte oder wiederkommen.

Im Sein ist alles. Das ist Wahrhaftigkeit, Fülle, Liebe, Großartigkeit. Menschsein ist nur eine Erscheinung und nicht dein wahres Sein. Die Frage nach Geburt und Tod stellt sich nicht.

Du bist. Kein Anfang, kein Ende. Ewig!

1.1.9 Aufopfern für andere aus fehlender Selbstermächtigung
Erstaunlich viele Menschen geben sich in ihrem Unterbewusstsein keine Daseinsberechtigung. In ihrer Lebensgeschichte ist etwas passiert, was ihnen scheinbar keine Erlaubnis zum Leben gibt.
Um trotzdem auf der Erde sein zu dürfen, nehmen sie anderen Menschen etwas ab, spüren sich selbst fast nicht und geben sich für andere auf. Sie erzeugen neurotische Strukturen, weil sie sich so sehr an der Außenwelt orientieren und fixieren. Ich kann davon aus meiner Vergangenheit ein Lied singen.
Es scheint keinen Zugang zu: „Ich bin, wie ich bin. Ich bin okay" zu geben.

Dazu möchte ich nur einen Satz sagen: Das ist alles nur Geschichte. Man hat damit Erfahrungen gemacht. Forsche selbst, ob das dein wahrhaftiges Sein ist!

Erkenne, wer du bist und das Leid ist beendet. Das Sein braucht keine Erlaubnis. Es IST! Das ist nur eine Illusion. Wahrhaftigkeit ist: Ich bin.

Ermächtige dich selbst, jetzt! Du BIST allmächtig. (Niemand kann das für dich tun, niemand!)

1.2 Sich ernst nehmen

Es mag eigenartig erscheinen, dass ich dieses Thema erwähne und doch ist es die Grundvoraussetzung, sein wahres Selbst zu erkennen.
Alle Meister, alle „Erleuchteten" haben eine wesentliche Entscheidung bewusst oder unbewusst getroffen. Sie haben sich in ihrem Sein ernst genommen und sich selbst erforscht! Ich stellte mir die Frage, warum ich immer wieder menschliches Bewusstsein und vor allem die Frequenz Mensch andocken ließ. In der Begegnung mit Menschen passte ich mich an oder besser gesagt mein/ein Schwingungskodex begann, in Harmonie zu gehen. Die Folge davon war meine Art Gewohnheit, für sie „als Mülleimer" da zu sein.
Danach durfte ich jedes Mal die Erfahrung machen, mich in diversen Informationen und Feldern zu befinden, die nicht meine waren. (Ich bekam Angstgefühle, Schmerzen, Gedankenschlaufen, bis hin zu Panikattacken.)
Ich war es leid, mich dem auszuliefern. Mein Sein hat das nicht berührt oder verändert.

Diese Zustände waren nur Erscheinungen, Illusionen. Doch bekamen diese Felder eine solche Kraft von Realität, dass es eine Herausforderung war, ihnen keine Aufmerksamkeit zu geben und sie vorbeiziehen zu lassen.

Wie ich schon geschrieben habe, wusste ich um das Sein, das diese Erfahrung überhaupt nicht mehr berühren musste. Und trotzdem weiterhin eine Körperform auf der Erde in Erscheinung trat. Meine Erlebnisse gaben mir einen Geschmack, was in der Kraft des Seins stecken konnte.
In meinem Dasein erlebe ich immer wieder den Einsatz von allmächtiger Kraft. Meine Lebensaufgabe besteht darin, diese Wunder, Kräfte und Grenzenlosigkeit auf dieser Erde sichtbar und erfahrbar zu machen.
Mit dem Zulassen geschieht es durch mich. Das Sein möchte sich auf diese Art und Weise zeigen. Wie das aussieht, geschieht aus dem Moment und ich bin nur Beobachter in „meinem" Handeln.

So entstand auch dieses Buch. Es sollte über das „Alles-Ist" geschrieben werden. Und durch diese Tätigkeit wurde ich förmlich gezwungen, mich ernst zu nehmen.
Ich erlebe „mein Tun" in Gnade und als Hingabe an das Sein. Nichts anderes scheint von Wichtigkeit und gleichzeitig ist da niemand, der etwas „Wichtiges" tut.
Und ich nehme mich ernst, in meinem Sein.

In der Illusion Mensch existiert dieses Sich-ernst-Nehmen so gut wie gar nicht. Da werden vielleicht manche stutzen, doch sich wichtig nehmen ist nicht dasselbe, wie sich ernst nehmen. Wichtig heißt, ohne mich geht gar nichts. Und ich muss mich „groß" machen, da ich es aus einem Selbstverständnis heraus nicht bin.

Sich ernst zu nehmen ist eine ganz andere Qualität. Es ist wie eine Art Wertschätzung sich selbst gegenüber. Es ist ein Bewusstsein zu seiner Erfahrung aus dem allmächtigen Sein. Dieses Bewusstsein bringt automatisch ein Drängen nach deinem wahrhaftigen Kern.

Es ist eine Entscheidung, die dir frei steht: „Ich nehme mich ernst!"

1.3 In seiner Kraft sein

Als ich in das Energiefeld der Menschen blickte, waren fast 90 % nicht in ihrer Kraft. Kein Wunder, dass die meisten ein erfolgloses und mehr oder weniger unglückliches Leben führten.
Es war nicht zufällig, dass in den letzten Jahren eine Menge Bücher auf den Markt kamen mit nur einem Thema: „Du kannst dir alles kreieren."
Eine kleine Gruppe von Menschen machte Erfahrungen, dass sie „bekamen", was sie sich wünschten. Das Universum schien für sie da zu sein. Was sie von den anderen 90 % unterschied, war ihr Kraftfeld.

Wodurch auch immer die Trance entstanden ist, in der sich der Großteil der Menschheit befindet, es ist Zeit sich aus dieser Illusion zu befreien.

In meiner Tätigkeit als Heilerin gab ich Seminare zu diesem Thema: „In deiner Kraft sein."
Ich konnte in den Energiefeldern der Menschen sehen, zu welchen Bereichen/Wünschen/Einstellungen sie Informationen trugen und diese dadurch in ihrem Leben an-

zogen. Fast alle gingen mit Konzepten und Ideen in Resonanz, die nicht ihre waren. Es erschreckte mich damals, dass so wenige wussten, was ihnen wirklich Freude machte. Ihr Sprachmuster beinhaltete vor allem, was sie nicht wollten (eine „Mangelsprache"). Außerdem war auffallend, dass die Palette der Wunschliste unter den Menschen austauschbar war. Das Bewusstsein der Gesellschaft war in einer Box, einer Form. Es fehlte den meisten ein Zugang zu ihrem Dharma, ihrer Lebensaufgabe.
Das bezog sich nicht auf ein bestimmtes Land. Diese Art der Konditionierung zog sich über die gesamte Erde. Auf meinen Reisen in den letzten Monaten erlebte ich, dass die Menschen auf der anderen Seite des Planeten dieselben Erscheinungsformen trugen.

Warum hinterfragen Menschen nicht, wer sie wirklich sind und erforschen ihr Selbst?
In meiner Kraft sein bedeutet: Ich übernehme Verantwortung für mein Leben! Es gibt keinen Täter, kein Opfer, kein Leid, kein: Ich muss!
Ich BIN! Ich bin frei! Alles ist!
Es liegt in meiner Verantwortung, mich auf den Weg zu machen und zu erkennen, wer ich bin!

Eine Idee über das Menschsein/Sein:

Stell dir einen dunklen Raum vor, den du mit einer Taschenlampe beleuchtest. Im Lichtkegel erscheinen immer wieder kleine Ausschnitte. Und jedes Mal denkst du: „Ah, das bin ich, also, das ist Menschsein."
Aus diesen einzelnen Ausschnitten entstehen Konzepte und daraus wiederum kreiert sich eine Geschichte. Doch das ist

nicht die Wahrheit. SEIN ist Licht im ganzen Raum (wobei es da keinen Raum gibt, sondern Grenzenlosigkeit). Es ist alles.

Die Illusion „Mensch" ist wie diese Taschenlampe. Sie lässt dich immer nur einen Ausschnitt erleben, und dieser wird bereits verfremdet (als würde man bunte Glühbirnen in die Taschenlampe schrauben). Der Raum mit dem Licht ist immer gegenwärtig. Du musst nichts tun, um Licht in den Raum zu bringen. Dieser strahlt in dem Moment, wo du die Taschenlampe beiseitelegst.

Es kann keine Finsternis ins Licht gebracht werden. Das Licht, das Leuchten, von dem ich spreche, hat nicht einmal ein Wort dafür. Es beinhaltet keine Dualität von hell/dunkel.

2 Sein

Wasser hat keine Form. So ist Sein. Doch wenn du Wasser in verschiedene Gefäße füllst, erhält es Formen. So ist es mit dem Menschsein.

Wenn die Welle im Meer entsteht und du diese Welle benennst, wird sie zu einem Konzept und wird aus dem Alleinsein getrennt. Dabei ist es nur eine Erscheinung im Wasser und verschwindet wieder in demselben.

So taucht Menschsein auf und menschliches Bewusstsein gibt ihm Namen, Form und Konzept. Es erscheint losgelöst und erlebt sich getrennt. Und doch ist da nur Sein. Niemand, der kommt und geht.

Im Sein erfährst du Stille. Kein Gedanke, kein Text, keine Emotionen und gleichzeitig eine Präsenz, die alles wahrnimmt.

Es ist nicht eine Wahrnehmung durch die menschlichen Sinne, sondern eine Präsenz, in der alles, wirklich alles vor-

handen ist. Doch gibt es dazu kein Bewusstsein, welches das benennt oder filtert. Es ist ein Erfahren, wo die Struktur der Worte zu dicht ist. Es kann darin Freude, Glücksgefühl und Liebe auftauchen. Ich erlebe Sein als tiefes Berührt-Werden und sich in einer Kraft aufgehoben fühlen. Diese erscheint selbstverständlich ohne mein Dazutun. Sie ist einfach da. Und es gibt Impulse, die zu einer Handlung führen. Auch hier bedarf es keiner Gedanken.
Es gibt in mir eine Stimme, die erstaunlich klare Ansagen durchgibt. Und wenn ich ihr folge und vertraue, erlebe ich ein Dasein im „Flow".

Jemand fragte mich, wie ich denn den Unterschied wüsste, ob mein Verstand oder meine Wahrhaftigkeit zu mir „spricht". Das ist sehr einfach: Wenn meine innere Stimme spricht, erlebe ich keinen Zweifel, keine weiteren Erklärungen und Rechtfertigungen, keine Schuldgefühle oder Unsicherheit. Es erscheint keine Infragestellung.
Kommt die Eingabe vom Verstand oder einer „fremden" Quelle, dann beinhaltet sie entweder bereits eine Angabe von „du musst" oder sie erklärt sich und ich bekomme ein schräges Gefühl.

Meine Erfahrung zeigt mir, dass aus dem Sein und in dem Vertrauen in diese Allmächtigkeit etwas erscheint, das nicht nur der Umsetzung meiner Lebensaufgabe hilft, sondern es lässt mich Freude, Fülle, Erfüllung und Freisein erfahren.
Im Kapitel „Menschsein" habe ich bereits einige Faktoren aufgeführt, warum Erfahrung Mensch eine „erstickende" Limitation ist und zu Trance führt. Der einzige Weg aus dieser Form ist das wahrhaftige Erkennen deines Wesens.

Ich möchte zu dem Thema Freisein/Sein noch ein wenig über meine Erfahrung mit Menschen berichten.

Meine Heilarbeit richtete sich nicht nur auf Gesundheit, sondern beinhaltete ein Freilegen der Kräfte im Menschen. Sowohl in den Seminaren als auch bei Einzelsitzungen ging es um die „Erinnerung" an die Freude, Fülle und Kraft.

Alles, was an Feldern, Informationen oder Konditionierungen im Weg stand, konnte neutralisiert oder aufgelöst werden. Wobei es nicht meine Entscheidung war, vielmehr zeigte mir der Klient, wo er Hilfe brauchte.

Das Ganze diente dazu, dass der Mensch wieder Kontakt zu seiner inneren Stimme bekommen konnte.

Kaum war alles „freigeschaltet", half ich den Klienten, ihr Dharma oder ihren derzeitigen Wunsch in ihrem Energiefeld so weit aufzubauen, dass eine Resonanz und eine Erfüllung möglich waren.

Ich staunte und war frustriert, dass so wenige Menschen in „Bewegung" kamen. Sie wollten frei sein, glücklich sein und alles Mögliche haben, doch wenn sich scheinbar diese Tür öffnete, dann kreierten sie sich ihre vorherige Welt zurück.

Mir wurde klar, warum so wenige Menschen „Erleuchtung" erfuhren und im Sein waren. Da gibt es keine Vorgabe mehr. Frei sein heißt: Da ist wirklich ALLES FREI. Du bist der Schöpfer!

Es ist freier Fall ohne Seil (wobei der Fall nicht unbedingt nach unten gehen muss. Dieser kann sich in alle Richtungen gestalten). Kein Bungee-Jumping mit Sicherung und Federung.

Die meisten Menschen wollten nicht das, was sie lebten, doch sie wollten Sicherheit. Sie hassten den Mangel und wollten den Lottogewinn für die Fülle, ohne dabei „Hausaufgaben" machen zu müssen. Und vor allem mit der Versicherung, dass sie keine Verantwortung übernehmen mussten.

Es war wie ein Comic: „Wow, ich bin draußen aus dem Käfig! Um Gottes willen, da ist ja niemand! Ich weiß gar nicht, was ich da eigentlich machen möchte. Ich weiß gar nicht, wer ich bin. Schwupp, zurück in den Käfig."

Erkennen, wer du bist. Das ist wahre Erfüllung!

Es gibt weder einen Käfig noch ein Drinnen oder Draußen. Doch es gibt, wie oben beschrieben, Hausaufgaben: Erkenne, was du alles NICHT bist und gleichzeitig weißt du, dass dein wahres Sein ALLES ist.

Diese letzten Sätze sind nicht nur schnell mal hingeschriebene Worte. In ihnen steckt das, was alle Erleuchteten gemacht haben: Selbsterforschung!

Das Ausmisten von allem, was du nicht bist und das Erkennen und Erfahren des Alleinseins.
Es gibt nichts zu erreichen, es geht nirgendwo hin, kein Guru kann dich einweihen, es existiert keine Blockierung. Es gibt darin kein Konzept, kein Fahrplan. Es mag Vorschläge oder Anregungen von mir oder anderen geben, aufgrund ihrer Erfahrung. Doch es ist deine Entscheidung, ob du dafür gehst.
Es braucht einen klaren Fokus auf das Sein. Nichts, gar nichts kann dir wichtiger sein als zu wissen, wer du bist.

In den tibetischen Klöstern wird mit Klängen, Glocken und Gongs gearbeitet. Der einzige Zweck dieser Rituale während und zwischen den Meditationen ist es, den Fokus zu halten. Es ist ein wiederholendes Erinnern, warum man sich an diesen Platz gesetzt hat.

Jeder für sich muss einen „Anker" finden, der ihn immer wieder an das Sein erinnert und den Wunsch, es wirklich erfahren zu wollen.
Eine Menge von Ablenkungen werden auftauchen. Die meisten habe ich im Kapitel „Menschsein" beschrieben.
Ich kann nur aus meiner Erfahrung sprechen: Gebe nicht auf! Die Kraft des Seins ist um vieles stärker als die des menschlichen Bewusstseins.

Suche nicht nach irgendwelchen besonderen Erfahrungen. Es mag manch Wunderbares in Erscheinung treten, es können berauschende Momente von Wahrnehmungen sein. Danke ihnen, nimm sie auf und gehe weiter. Sie sind alle Teile von der Großartigkeit, die du bist. Doch sie sind nicht dein wahrhaftiges Sein (und manchmal sind es auch nur Täuschungen, die dich einfangen wollen).

Ich hatte und habe in meinem Dasein kaum einen Tag erlebt, wo mir nicht ein Wunder zuteilwurde oder etwas in Erscheinung trat, was unglaublich war.
Es wurde mir klar mitgeteilt, dass keine dieser Begebenheiten wichtig war zu notieren und festzuhalten. Sie waren einfach da, und ich wurde damit beschenkt. Und das ist bis heute so. So wie jeder andere. Der einzige Unterschied war und ist: Meine gesamte Aufmerksamkeit ist auf diese Wahrnehmung ausgerichtet.
Ich bin wach im Bezug auf Zeichen und Signale aus meiner Umwelt. Es ist unbeschreiblich, wie viele Hinweise man in seinem Dasein auf dieser Erde bekommt.
Ich erlebe mich wahrlich mit allem verbunden. Alles um mich ist mit mir in Kommunikation, da ich auch gleichzeitig in allem erscheine. Es existiert keine Trennung.

Die Illusion Mensch basiert auf Liebe und Freude, wenn sie wahrgenommen werden. Dafür muss man still sein, alle Sinne öffnen und seinen Fokus von Mangel auf Zeichen und Wunder richten.
Im Sein erweitert sich dein Blickfeld ganz von allein. Durch die Präsenz bist du allgegenwärtig. Du erfährst dein Dasein in einer Weite. Da dein Geist still ist und keine Emotionen dich ablenken und eine Enge in dir erzeugen. Es fließt durch dich durch. Es gibt keine Anhaftung in dem, was du wahrnimmst und erlebst. Keine Form filtert dein Sein.

Wer du wirklich bist, ist und bleibt immer frei!
Dharma = Lebensaufgabe/Erfüllung
Sei erst, wer du wirklich bist!
Dein Dharma erscheint dann von ganz allein.

Ich habe diesen Begriff „Dharma" mehrmals angeführt. Jeder Mensch hat eine bestimmte Lebensaufgabe, die ihn erfüllt. Sie zeigt sich als grenzenlose, kreative Schöpfungskraft und tritt aus dem Sein in Erscheinung.
Der Mensch erfährt sich darin in Raum- und Zeitlosigkeit. Er schafft, oder besser gesagt es schafft durch ihn, und er ist in Wonne und Erfüllung. Die Person verschwindet in so einem Prozess. Es fühlt sich an, als ist man eins mit dem, was man macht.
Sei still und wach, damit du den Impuls spürst, wenn sich dein Sein durch eine schöpferische Handlung zeigen möchte!
Begegne dir in Achtsamkeit und Freude!
Der menschliche Verstand erklärt, dass es schwierig ist zu sein. Gib diesem Gedanken keinen Glauben, somit hat er keine Kraft.
Das Sein IST! Da ist weder etwas schwierig noch leicht.
Du BIST FREI.

4 ALLES IST

Stell dir vor, dass alles, was du dir in deinen kühnsten Träumen ausmalen kannst, möglich ist. Und niemand flüstert dir ein, dass das nicht sein kann, weil du ja nur ein Mensch bist. Deine Vorstellungen haben keine Begrenzung, sie gehen über all deine bisherigen Erfahrungen und Kenntnisse hinaus. Es tauchen Ideen auf, die dich selbst in Staunen versetzen. Es fühlt sich absolut wahrhaftig, großartig und frei an. Und du weißt, dass das alles ist.

Im Sein erfährst du eine Weite und eine Fülle, die keine Worte hat. In ihr ist alles. Es wird oft auch so beschrieben: Da ist nichts und gleichzeitig ist in dem Nichts alles.
Das menschliche Bewusstsein kann das nicht erfassen. Es kreiert sich aus Erfahrungen, Konzepten, Vorgaben und der Illusion von Begrenzung.
Wenn du Sein erfährst, dann verschwindet diese Form von Bewusstsein. Stattdessen ist da eine Art Wahrnehmung ohne Kommentare und ohne Bewertung. Es fühlt sich an, als würden deine Sinne sich multiplizieren und jede Zelle in deinem Körper verliert seine Form und Begrenzung. Alles dehnt sich aus und ist eins mit allem.
Statt der Nutzung von 6 - 10 % Gehirnfunktion im menschlichen Sein, sind 100 % tätig.
In keine Richtung ergibt sich eine Limitation. Dem menschlichen Geist ist es nicht möglich, das zu fassen. Seine Denkformen kreisen in Vorstellungen, die einen viel zu kleinen Radius haben.
Es ist eine ergreifende Erfahrung, wenn du dich in allem widerspiegelst und an nichts, was auftaucht, festhältst.
Es gibt keinen Gedanken, keine Energie von „ich will alles haben".

Ich stelle oder besser gesagt in mir stellt sich die Frage nicht, wie sich die großartigen Ideen umsetzen werden. Es geschieht aus sich selbst heraus. Etwas handelt und macht alles möglich!

Das Sein hat eine Großartigkeit, die sich in Worten und in der Vorstellungswelt von gewohnten Bewusstseinsstrukturen nicht erfassen lässt.
Und du bist darin vollkommen frei.

In der Illusion Mensch wird dir eine Welt vorgesetzt, die scheinbar klaren Spielregeln unterliegt. Wenn du diesen Gesetzen Glauben schenkst, erfährst du ein abgestecktes Feld, indem du mehr oder weniger erfolgreich bestimmte „Bausteine" aneinanderreihst.
Jedes Mal, wenn in dir etwas auftaucht, was sich vielleicht außerhalb des Feldes bewegt, wird dir die Gesellschaft in kürzester Zeit erklären, dass das nicht geht.
Somit halten sich alle, die glauben Mensch zu sein, gegenseitig in der Limitation.
Niemand da „draußen" ist an Freisein interessiert. Du wirst mit Neid und Hass bombardiert, wenn du die Grenzen überschreitest.
Durch das Leiden und die Frustration, die der Mensch erlebt, gönnt er niemand anderem, da einfach auszusteigen.

Solange du im menschlichen Bewusstsein bist, wirst du immer wieder auf diese Grenzen stoßen.
Du magst an etwas Großes glauben und Träume haben, doch sie bewegen sich in dem Radius von einem menschlichen Geist. Alles, was dieser erforscht und erfindet, unterliegt den menschlichen Prinzipien und Konzepten. Somit wird von dieser Seite kein neuer Impuls entstehen können.

Das Motiv der meisten Wünsche und Ideen ist: Ich will haben, besitzen, toll sein, Macht haben.
Diese Gedanken entstehen aus einem tiefen Gefühl von Mangel und Ungerechtigkeit, an denen sich der Mensch orientiert. Seine emotionale Welt baut sich hauptsächlich auf Hass und Neid auf. Er fühlt sich nicht anerkannt und entsprechend gut behandelt. Die Illusion, in der er sich bewegt, ist seine Realität.

Der indische Philosoph Krishnamurti konnte nicht verstehen, warum sich der Mensch aufgrund seiner Erfahrungen und seines Bewusstseins nicht änderte. Warum wurden immer noch Kriege geführt? Lernte die Menschheit nicht dazu?
Sich für den Frieden einzusetzen, wäre keine Lösung gegen den Krieg, da sie aus demselben menschlichen Konzept entsteht wie der Kampf. Die einzige Veränderung bringt die Befreiung aus der menschlichen Idee.
Und das war ihm aus seiner eigenen Selbsterforschung völlig klar: Nur das Erkennen deines wahrhaftigen Kerns erlöst das Leid.

Die menschliche Vorstellung, dass ALLES ist, lässt leider sofort Gier mit ins Spiel bringen.

Dass alles möglich ist, hat im Sein jedoch eine ganz andere Qualität. Es taucht gar nicht auf, dass man etwas besitzen möchte. Weder eine Wunschliste noch Bedürfnisse entstehen, die erfüllt werden müssen. Es fühlt sich viel mehr an wie ein Ausdehnen der Wahrnehmung. Es öffnet sich eine Weite und Freude.

Wenn Menschsein nicht mehr ist, erfährst du, wer du wirklich bist. Dann fallen all die Zwänge, Grenzen und Mangel weg. Nichts davon existiert.

Sein ist allmächtig. Es beinhaltet alle Macht. Nicht die Macht, die unterdrücken und beherrschen möchte. Es gibt keine Dualität. Alles ist.
Somit entsteht gar kein Impuls für Größer-und-besser-Sein. Die Allmächtigkeit lässt keine Limitation aufkommen. Du hast die Macht alles zu kreieren. Nichts ist unmöglich! Das Sein kann alles durch dich und in dir erscheinen lassen. Dein menschliches Bewusstsein kann das nicht fassen. Nimm diese Worte einfach auf und dein wahres Sein weiß um diese Macht. Der menschliche Geist kann sich nur Formen der Macht ausdenken, die er selbst erfahren hat. Und das ist eher ein trauriges Kapitel. Er würde bestimmen wollen.
Die Macht, von der ich spreche, möchte Fülle, Freude, Freisein und Grenzenlosigkeit kreieren. Sie ist in allem.

Wenn ich von meinen Heilungen schreibe, ob an mir oder an anderen, dann ist es genau diese Macht, die Wunder vollbringen kann. Es lässt etwas eintreten, was über menschliches Sein hinausgeht.

Im Sein gibst du dich dieser Allmächtigkeit hin. Du musst und kannst sie nicht festhalten, genauso wie das Sein kein Fixum ist, das du jetzt endlich erreicht hast. Es ist reines Sein!
Im Sein gibt es kein Handeln, Denken und Haben.

Ich komme nochmals zu dem Bild des Wassers zurück:
Stell dir das Meer vor. In ihm können Wellen auftauchen und verschwinden, doch es bleibt immer das Meer. So ähnliches

ist es im Sein. Es tritt etwas in Erscheinung und im selben Moment ist es schon nicht mehr.

Darin ist auch die Kraft der Unendlichkeit. Nichts behält seine Form. Kaum zeigt sich eine, kann schon eine weitere, ganz andere entstehen.
Der Mensch hat Angst vor diesem „Nichtfassbaren". Er möchte Kontrolle über sich und seine Umwelt haben. Doch genau diese Art Sicherheit gibt es nicht. Dieses Denkschema wird in der Gesellschaft noch bestärkt, da es auf alle Fälle eines erzeugt: Man bindet sich an eine Realität, die es gar nicht gibt, und hält alles fest. Damit ist der Mensch so sehr ausgefüllt und beschäftigt, dass der Teil, der kreieren, schaffen und sich ausdehnen möchte, keine Zeit und Kraft mehr bekommt.
Vor allem wird einem das Vertrauen genommen, dass man keine Angst zu haben braucht, weil man immer ist und sein wird, da alles ist.

Was aus diesem „Allen" sich zeigen und entstehen möchte, kreiert sich aus sich selbst heraus.
Ich erlebe mich dabei eher wie ein Beobachter. Es ist wie ein Abwarten, bis ein Impuls oder eine Eingebung kommt. Gleichzeitig ist da niemand, der abwartet oder beobachtet.

Ich habe solche Zeilen oft in anderen Büchern gelesen und heute schreibe ich sie aus eigener Erfahrung. Doch ich gebe zu, Worte sind dabei nicht wirklich hilfreich. Sie setzen etwas in eine Vorstellung und Form, die in dem Sein nicht vorhanden ist. Das Ganze ist viel einfacher.

Erkenne dich, wer du bist ... und erfreue dich über deine Großartigkeit!

1 Erleuchtung/Erwachen

Für mich war „Erleuchtet sein" ein wesentliches Zugpferd. Ich wollte unbedingt wissen, was wirklich hinter meiner menschlichen Erscheinung steckte.
Der Unterschied zwischen Sein und Menschsein: Ein Mensch glaubt an diese Illusion und ich weiß, dass da nichts ist.

Davor hatte ich eine Ahnung und ein Sehnen, doch kein Bewusstsein zu meiner wahrhaftigen Natur.
Das Verrückte dabei ist, dass der Mensch ja immer im Sein ist. Doch das menschliche Bewusstsein lässt es so erscheinen, als gäbe es nur diese Art der Lebensform und nichts darüber hinaus. Es trennt, statt das es IST.

Ich hatte kein anderes Ziel! Mir war klar, dass ich es nicht erreichen konnte, weil es ja da war. Doch ich wollte mich unbedingt erkennen. Meine letzten Jahre waren ausschließlich darauf fokussiert herauszufinden, wer ich nicht bin und was ich bin.

Es gibt keine Vorgaben, was jeder Einzelne zu tun oder zu lassen hat, um aufzuwachen.
Was Wesentliches braucht es aber: Es muss dein einziger Fokus sein. Ich schreibe nicht zufällig „muss". Es werden dir bei deiner Entdeckungsreise so unglaublich viele Ablenkungen und Verführungen begegnen. Du musst wirklich alles bereit sein aufzugeben, dann eröffnet sich die Freiheit und dein wahres Sein.

Papaji, ein indischer Meister, sagte: „Solange deine spirituelle Suche Vermeidung als Antrieb hat, wirst du nie Freisein erkennen."

Es berührte mich sehr, als ich diese Zeilen las. Es bestätigte meine Beobachtung an den Menschen. Ich fragte mich, warum so wenige, die bei Meistern und Gurus waren, aufwachten.
Als ich die Fähigkeiten bekam, in energetische Strukturen und Leben von Menschen zu blicken, fiel eines auf: Ein Großteil der so genannten spirituellen Sucher waren Menschen, die ihren Alltag nicht auf die Reihe bekamen und sich weigerten, sich damit auseinanderzusetzen. Sie wollten „aussteigen". Dem Meister wurde die Verantwortung übergeben, sie in irgendein illusorisches Glücksfeld und Freisein zu führen.
In der Zeit der Auseinandersetzung mit meinem Dasein wurde mir klar, dass alle, die „erwacht" waren, sich 100%ig dem Menschsein gestellt hatten. Sie wollten dieses nicht vermeiden, sie wussten und ahnten nur, dass in dieser Erscheinung noch mehr sein musste.

Mir ging es ebenso. Ich konnte die ganzen „Inhalte" des Menschseins auf- und abwärts spielen. Ich übernahm meine Verantwortung für dieses Leben und lernte mit den menschlichen Möglichkeiten zu spielen. Bis der Moment kam, wo ich mich für die Wahrhaftigkeit entschied und nichts anderes mehr wichtig war. In mir selbst tauchte diese Sehnsucht nach einem Meister nie auf.
Es wurde mir von verschiedenen Menschen erklärt, dass ich ohne einen Guru keine Erleuchtung haben konnte. Daran glaubte ich nicht. Meine innere Stimme führte mich.

Es zahlt sich aus durchzuhalten. Es sind Illusionen, die dich abhalten wollen. Dein wahres Sein hat eine Großartigkeit und Weite. Darum geht es wirklich.

Mag sein, dass du in einer Zeit lebst, die dich gestresst und beschäftigt hält. Ist es denn wirklich so? Das Einzige, was zählt und dir hilft, ist dein Fokus auf dein Freisein, dein wahres Sein.

Eine kleine Geschichte zum Thema Fokus:

„Der Scheibenwischer"
Jemand lernt Auto fahren. Er hat noch nicht den Führerschein und eines Tages fährt der Fahrlehrer mit ihm auf die Autobahn. Bis hierher fühlt er sich schon ganz sicher. Plötzlich beginnt es zu regnen. Der Fahrlehrer fordert ihn auf, den Scheibenwischer einzuschalten. Das ist das erste Mal für den Fahrschüler. Er wird davon so sehr abgelenkt, dass seine Aufmerksamkeit auf dem Scheibenwischer hängen bleibt und sein Auto von rechts nach links schleudert. Der Fahrlehrer gibt ihm den Hinweis, er solle sich nur auf die Autobahn konzentrieren, nur auf die Straße. Weiterhin hat der Schüler Schwierigkeiten, sein Fahrzeug zu kontrollieren. Wieder gibt ihm der Lehrer nur denselben Hinweis: „Fokussiere dich ausschließlich auf die Straße!" In dem Moment, in dem der Schüler dies tut, ist alles in Ordnung.
Egal wie viel Ablenkung und Lärm in deinem Leben ist, so lange du den Fokus hältst, wird es dich nicht berühren.

Um wirklich frei zu sein, musst du bereit sein zu sterben. Deine Identifikation, deine Person, das, was du glaubst zu sein, muss sterben. In deinem wahren Sein ist niemand. Was du erfährst, ist eine Weite, Unendlichkeit und du bist ALLES.

In den Monaten der Stille sortierte ich alle „Erscheinungsformen des menschlichen Bewusstseins" aus. Es war wie ein Entrümpeln und Saubermachen. Das „Erwachen" diente als Basis für diese Arbeit. Im Nachhinein sehe ich, wie wesentlich diese Zeit für mich war. Ich musste alle Kommunikation beenden. Ich bediente sonst weiterhin unbewusst eine menschliche Ebene, die nicht mehr meine war. Es war so offensichtlich, dass ich das lassen sollte, da mich diese Art von Kontakten unbeschreiblich müde machte und begann, mir schwer zu fallen.

In der Stille konnte ich meine gesamte Aufmerksamkeit auf mein Sein richten. Jede kleinste Zuckung vom menschlichen Geist und die Versuchung ihr anzuhaften, wurde mir bewusst. Alle Tricks und Dämonen kamen aus ihren Verstecken. Mein Sein ließ sich davon nicht beeindrucken. Und ich erfuhr, dass nichts von dem, was sich zeigte, Realität hatte. Der Kern meines Seins war in Stille, egal wie hoch die Wellen tobten. Und meine Erfahrung zeigte mir, dass immer weniger auftauchte, da es keine Aufmerksamkeit, keinen Glauben und keine Kraft mehr bekam.

Es entwickelte sich eine Natürlichkeit, im Sein zu sein.

Es IST.

2 Gibt es denn einen Sinn?

Auf meiner Suche in früheren Jahren war die Sinnfrage mein wesentlicher Antrieb. Ich wollte wissen, wozu all diese Erfahrungen in meinem Leben gut sein sollten und ob dieses Menschsein schon alles war.

Meine Ziele waren Bewusstseinserweiterung, ein Lichtwesen sein, frei sein und leben, was mir Freude macht. Und ich wollte Menschen helfen, sich aus ihren Problemen zu befreien und die Erde retten.

Mit dem Erkennen, wer ich wirklich bin, löste sich jegliches Irgendwer-sein-Wollen und Etwas-erreichen-Wollen auf. Heute, in meinem Freisein, ist alles und es gibt kein Ziel und keinen Sinn.
Meine Vorstellung, dass ich mich irgendwohin entwickeln müsste, existierte nicht mehr.
Es gab in dieser Form von Sinnlosigkeit keine Enttäuschung, weil da niemand mehr war, der sich als Mensch definierte. Ich musste niemanden mehr retten oder helfen. Es brauchte keinen Sinn, da im Sein diese Frage nicht auftauchte.
Und doch macht es Sinn herauszufinden, wer du wirklich bist, weil es dich befreit von der Idee, du könntest etwas erreichen, etwas werden oder sinnvoll sein.
Das Erstaunliche ist, dass du dich in deinem Sein vollkommen erfüllt erfährst.

3 Gibt es noch Ziele?

Mein Ziel war, das Licht am Ende des Tunnels zu erreichen. Dieses Licht war nichts anderes, als mich selbst zu erkennen, aufzuwachen aus einem Traum, einer Illusion.
In deinem wahren Sein gibt es keine Ziele. Meine Erfahrung im Sein ist, dass Bilder/Visionen auftauchen und wieder verschwinden. Ich halte an ihnen nicht fest. Sie sind nicht meine Kreation und kommen nicht aus meinem Bewusstsein. Es sind Möglichkeiten. Und doch sehe ich Bilder, die mich berühren, wo ich mich wohlfühle und es in mir so etwas gibt wie: „Oh, ja. Das passt zu mir."

Kann sein, dass sie eintreten oder nicht. Das spielt interessanterweise keine Rolle, da es aus sich selbst heraus in Erscheinung treten wird oder nicht. Manchmal kommt es zu Handlungen, wo ich mich beobachten kann, wie ich etwas organisiere oder zum Beispiel dieses Buch schreibe.
Was dabei wegfällt, ist ein Verstand, der sich immer wieder fragt, wie es weiter geht, was man noch erledigen muss und welche Ziele man hat. Es braucht keine Kontrolle und keine „künstliche" Planung.
Die Idee, dass es da jemanden gibt, der irgendetwas entscheidet, fällt weg. Es ist vielmehr ein Sich-Hingeben und Durch-Gnade-geschehen-Lassen.
Das ist nichts Passives. Ich bin nicht in Trance oder tatenlos. Mein Fokus ist auf mein Sein gerichtet, ich bin vollkommen präsent und wach.

Ich kann aus meiner Erfahrung sagen, dass all meine Heilfähigkeiten und Zugriffe in alles, was es gibt, Erscheinungen aus diesem Sein sind.
Es ist für mich vollkommen natürlich, damit in Kontakt zu sein und diesen Zugang zu allem zu haben. Gleichzeitig ist darin so eine Großartigkeit, die keine Worte zulässt.

Durch jeden Menschen möchte die Allmächtigkeit des Seins sich sichtbar machen. Ich kann bei jedem „ablesen", was sich zeigen könnte. Ich bezeichne es als sein Dharma.
Dabei gibt es keine Wiederholungen, bei jedem ist es einzigartig. Doch braucht es dein wahrhaftiges Sein, damit es in seiner ganzen Fülle in Erscheinung treten kann.
Das Wunderbare daran ist, du gibst dich hin und wirst mit einer ewigen Schaffenskraft durchströmt.

Alles ist!

Über meine Fähigkeiten habe ich als Person keine Kontrolle oder Entscheidungskraft. Es wird durch mich ausgeführt, was sein soll.

Nachts wache ich auf und bekomme Informationen, erlebe mich teils parallel in einem anderen Land und erfahre, was sich gerade energetisch oder universell abspielt. Und manchmal soll ich etwas energetisch ändern.

Ich kann wahrnehmen, wenn ich gleichzeitig an mehreren Plätzen unterwegs bin. Ich brauche kein Bewusstsein und keine Kontrolle darüber, könnte es aber rekapitulieren. Es ist ein multidimensionales Erfahren meines Daseins. Es gibt da keine Grenze, kein abgestecktes Feld. Für mich ist es normal. Es erscheint aus dem Sein in/durch mich.

Was es mir jedoch klar macht, ist eine Allmächtigkeit, die sich sichtbar macht.

Stelle dir vor, alles ist möglich.

Nimm dir wirklich für einen Moment Zeit und lasse alle dir bekannten Vorstellungen los. Stattdessen gehe in diese Energie, in diese Weite und Kraft von „ALLES ist"! Und es mag sein, dass etwas auftaucht oder auch nicht. Vertraue!

Es lässt dein Bewusstsein ausdehnen, deine Gehirnfrequenz steigt an und ein Ahnen und Erinnern, wer du wirklich bist, kann sich entfalten.

Menschen sehnen sich danach, dass Christus wieder auf die Erde kommt. Sie verherrlichen Buddha und glauben an etwas Großes da draußen im Himmel. Begreife: DU BIST aus demselben Sein wie Buddha, Christus und das Große! Es sind Erscheinungen in diesem Sein.

Nichts steht dir im Weg dich zu erkennen und alles durch dich sichtbar und erfahrbar werden zu lassen.

Du bist immer im Sein. Es möchte von dir entdeckt werden, da du dich sonst nur durch den Schleier der Illusion wahrnimmst.

4 Tischgesellschaft

Stelle dir vor, dein wahrhaftiges Sein lädt Gäste ein. Es wird eine große Tischgesellschaft geben.
Auch wenn im Sein alles ist, werden für dieses Fest wesentliche Gäste vertreten sein. Diese sind nicht aus einem Zufallsprinzip rausgefischt worden, sondern sind ein wichtiges Fundament, um dir zu zeigen, was durch dein wahrhaftiges Sein in Erscheinung treten kann. Ich stelle dir jeden einzelnen Gast vor:

Kraft
Im Sein erfährst du dich in einer Kraft, die durch nichts zerstört oder geschwächt werden kann. Sie ist immer gegenwärtig. In dem Moment, wo deine Aufmerksamkeit sich mit menschlichem Bewusstsein identifiziert, glaubst du, diese Kraft verloren zu haben. Du meinst dann, du müsstest etwas tun, um sie wieder zu erlangen.
Dem ist nicht so. Es scheint so, als könne sie durch dich nicht wirken. Alle Heilung findet durch diese Kraft des Seins statt.

Macht
Die Macht des Seins lässt dich erfahren, dass niemand und nichts dir dein wahres Sein nehmen kann. Es verschwindet nicht und muss nicht entstehen.
Du bist allmächtig. Da ist alle Macht.
Es gibt kein Opfer und keinen Täter. Du erfährst diese Macht als selbstverständlich. Sie herrscht nicht über dich und du bist ihr nicht ausgeliefert. In ihr erfährst du Präsenz.

Wahrhaftigkeit
Wahrhaftigkeit zeigt sich vor allem in der Sprache. Im Sein kommen Worte aus deinem Mund, die eine Natürlichkeit und Klarheit besitzen. Du bist wie ein Beobachter deiner Sprache. Manchmal möchte dein Sein nicht sprechen und in Stille sein. Ein anderes Mal fließt es einfach aus dir heraus. Es gibt dazu keinen Gedanken oder ein Konzept. Kein Glaubenssystem oder Sprachmuster wird darin auftauchen. Du erfährst keine Anstrengung in dieser Art der Kommunikation, da du nichts beweisen oder überzeugen musst. Es ist niemand im Sein, der recht haben möchte und gehört werden muss.

Großartigkeit
Dein wahres Sein lässt dich eine Großartigkeit erfahren, die mit Worten nicht zu beschreiben ist. Dabei handelt es sich nicht um ein Besonders-Fühlen, sondern um eine Erfahrung, die dir einen Geschmack vermittelt von einer Weite und Freisein, die über dein Menschsein hinausgeht. Obwohl alles in dir ist, empfindest du eine Art Einmaligkeit und Gnade.

Erfüllung
Im Erkennen, wer du wirklich bist, ist ein Wohlgefühl und Erfüllt sein. Du BIST die Erfüllung!

Nichts taucht auf, was fehlen könnte. Es existieren keine Bedürfnisse und Wünsche mehr, da dein Sein alles ist. Niemand ist mehr da, der etwas möchte, braucht oder haben muss. Es geschieht durch dich, was in Erscheinung treten möchte. Dein Sein ist vollkommen. Wenn ein Gefühl des Mangels entsteht, dann kreiert sich das aus dem Menschsein.

Fülle
Wenn alles ist, wie könnte dann etwas fehlen?
Es gibt kein Bewusstsein für Fülle. Vielmehr ist es ein Wissen, dass es an nichts fehlt. Wobei es nicht ein Wissen aus dem Verstand ist, sondern es kommt aus deinem wahren Sein. Aus der Fülle tritt in Erscheinung, was immer sein möchte. Das menschliche Bewusstsein erklärt dir, du müsstest etwas tun, es gäbe etwas zu erreichen und du bist derjenige, der es erschafft. Doch dieser Glaube erzeugt in dir nur ein Gefühl von Mangel und Haben-Wollen. Wenn du BIST, ist alles da, unbegrenzt und ewig.
Es geht vielmehr um ein Zulassen der Fülle, die sich dir zeigen möchte.

Größe
Wie ich schon in dem Kapitel „Menschsein" beschrieben habe, gibt es das Phänomen Sich-klein-Machen. Das wiederum erzeugt in dir den Antrieb, du müsstest etwas tun, um endlich vollkommen zu sein. Es reicht scheinbar nie ganz aus, so wie du bist. Dein Verstand hält dich damit beschäftigt, wie du perfekt sein könntest. Das ist nicht dein wahres Sein. In ihm existieren keine Form, kein Ziel und keine Unvollkommenheit.
Du bist! Dein Sein ist deine wahre Größe!

Leuchten
In vielen Texten wird immer wieder davon gesprochen, dass der Mensch eigentlich ein Lichtwesen ist. Meine Erfahrung zeigt mir, dass es sich dabei nicht um die Form des Lichts handelt, die Menschen als Licht bezeichnen. Es ist vielmehr ein Leuchten und in diesem ist alles. Sein erfährt sich als Weite, die leuchtet. Ich kann das kaum in Worte fassen. Es bringt ein Wohlgefühl, ein Freisein und Kraft. Dieses Strahlen lässt einen Körper und eine Materie verschwinden und erfährt sich wie ein Eintauchen ins All-eins-Sein.

Kreativität
Aus dem Sein gibt es ein ewiges Schaffen, ohne dass es jemanden braucht, der kreiert. Es wird durch dich geschaffen. Die Herausforderung ist, dass es durch einen geschehen kann. Es erfährt sich wie ein „Flow". Etwas fließt durch einen durch, ohne Kommentar oder Bewertung.
Es ist für mich sichtbar, ob sich ein menschlicher Geist in dem Schaffen befindet (zum Beispiel in der Kunst) oder ob es aus dem Sein heraus entstehen durfte. Je mehr du dein wahres Sein erfährst, umso leichter kann alles sein. Vor allem fallen der innere Kritiker und das Vergleichen weg.

Levitation
Es mag erstaunen, dass ich die Levitation bei der Tischgesellschaft einlade. Doch es ist eine weitere Erscheinung im Sein, an mehreren Plätzen sich gleichzeitig zu manifestieren. Wozu soll das genannt werden? Es zeigt dir, dass es weder Raum noch Zeit gibt. In deinem Sein gibt es dich nicht nur einmal. Deine Erscheinungsform kann sich vervielfältigen. Halte nicht an deiner Person fest und identifiziere dich damit. Du bist das nicht.
Dein wahres Sein ist in allem und überall.

Manifestation und Demanifestation

Im Sein ist alles. Nicht aus meinem Willen heraus, sondern aus der Allmächtigkeit gibt es kaum einen Tag, an dem nicht etwas durch oder für mich manifestiert wird. Das Erstaunliche dabei ist, dass ich darüber gar nicht nachdenken muss, da es aus der Kraft der Fülle entsteht. Als wäre jemand drauf bedacht, dass mein Dasein mir alles bereitstellt, was mich erfüllt. Zu welchem Zeitpunkt sich diese Manifestation in Realität umsetzt, muss ich nicht wissen. Was auf alle Fälle aufgebaut wird, ist ein wunderbares Feld, eine Anziehungskraft, die in Resonanz geht mit der Materie.

Ebenso geschieht es auch mit der Demanifestation. Auch hier braucht es keine Kontrolle oder Bewusstsein von meiner Seite. Und doch habe ich Einblick in Auflösungen, sowohl auf der materiellen als auch auf der rein energetischen Ebene. Es handelt sich dabei um Löschungen von Informationen.

Im menschlichen Bewusstsein fließt diese Komponente nicht mit ein, da Konzepte und Dichte im Denken diese Kräfte nicht wirken lassen. Doch sie sind immer gegenwärtig. In dem Moment, wo du erkennst, wer du bist und dein Sein allgegenwärtig ist, passieren solche Phänomene ganz von allein. Egal ob du dir dessen bewusst bist oder nicht. Es zeigt damit eine weitere Großartigkeit und Grenzenlosigkeit im Sein.

Setze dich für einen Moment hin und atme tief und ruhig. Jeder Atemzug lässt dich weiter, größer und durchlässiger werden. Vertraue deinem wahrhaftigen Sein und bitte, dass es durch dich manifestiert und demanifestiert, was deinem Dharma dienlich ist.

Materialisation

Im Zusammenhang mit der Manifestation erscheint in der Erfahrung meines Daseins die Kraft des Materialisierens.

Menschen haben meist die Vorstellung, dass man sozusagen etwas aus der Hand zaubern kann. Es gibt Menschen auf der Erde, die diese Fähigkeit besitzen, doch davon ist hier nicht die Rede. Es handelt sich dabei um ein endloses Feld an Möglichkeiten. Und ich spreche hier nicht nur von der dreidimensionalen Erfahrung. Für den Menschen ist Materie das, was er anfassen kann. Er glaubt nur das, was er sieht und „begreift". Doch unser Sein dehnt sich über dieses Universum weit hinaus. Im Sein spielt das alles keine Rolle, weil da niemand ist, der sich darüber Gedanken macht, noch ist es notwendig.

Ich führe die Materialisation an, weil sie einen Teil von der Unendlichkeit des allmächtigen Seins zeigt und es mir immer wieder auffällt, wie oft Materialisation in meinem Dasein geschieht. Ich bin frei, darin zu sein. Es darf durch mich in Erscheinung treten. Es gibt kein menschliches Konzept, was dies ausgrenzt.

Freude/Liebe

Beide werden von mir zusammen vorgestellt, da sie aus einer Quelle sind, wobei klar ist, dass alles aus dem Sein entsteht. Und doch wirken sie wie Geschwister. Wer sich erfährt, wie aus dem Sein durch ihn gehandelt wird, ist mit Freude und Liebe erfüllt. Diese beziehen sich nicht auf ein Objekt oder dein Tun, sondern sind in dir gegenwärtig.

Es hat nichts damit zu tun, dass du lächelnd durch die Gegend läufst, vielmehr ist es eine Wahrnehmung von Tiefberührt-Sein. Manchmal können dabei Tränen oder Lachen auftauchen. Meist fließt es einfach durch dich und du erlebst Weite, Dankbarkeit und Fülle.

Stelle dir vor, wie durch dich diese Kraft von Freude und Liebe strömen kann. Lass alle Zweifel und Widerstände beiseite. Gib ihnen keine Aufmerksamkeit, sondern lass deine

Vorstellungskraft wirken, wie du dich in diesen Kräften ausbreitest.

Alle geladenen Gäste treffen sich an einem reich gedeckten Tisch. Es ist Stille und Präsenz. Diese Stille beinhaltet alles.

Im wahrhaftigen Sein gibt es diese Art Trennung von „Gästen" nicht. Sie ist eine Erscheinung in meiner Erfahrung. Und doch kann es sein, dass sie in deinen Erfahrungen sich einzeln vorstellen.
Keiner kontrolliert oder denkt daran, diese „Gäste" bewusst einzuladen. Eher fühlt es sich an, als stelle sich diese Tischgesellschaft zur Verfügung.

Mit dem Fokus auf dein Sein werden dir in deinem Dasein diese Kräfte und Möglichkeiten begegnen. Damit brauchst du nichts zu tun. Es geschieht durch dich, was sein soll. Alles ist und kann sich in allem zeigen!

Ich mache in diesem Sein keine menschlichen Erfahrungen mehr, sondern in meinem Dasein erscheint ausschließlich die Allmächtigkeit.

Setze dich entspannt hin und stelle dir vor, du würdest eine Tischgesellschaft geben. Wer würde eingeladen werden und was liegt dir am Herzen?
Lausche in dich hinein, was jeder der Gäste dir zu erzählen hat. Sie sind da, um dich zu unterstützen in deinem wahrhaftigen Sein!
Jede der kleinen Übungen bei manchen „Gästen" unterstützt dich im Fokussieren.
Es gibt im Sein nichts zu tun! Und doch helfen dir „Hausaufgaben", an dir zu forschen und dich immer wieder mit

deinem wahrhaftigen Sein in Kontakt zu bringen und die Identifikation in den Hintergrund treten zu lassen.
Es erinnert dich, dass etwas viel Größeres wirkt und „bescheid" weiß, als der Verstand sich ausdenken kann.

5 ERFAHRUNGEN

1 Lauschen

Ich kann nicht genau sagen, ab wann es begonnen hat. Auf alle Fälle brauchte es eine ganz schön lange Zeit, bis ich es nicht nur beobachtet, sondern auch ernst genommen habe. Immer wieder traten Ohrenschmerzen auf, die nach kurzer Zeit verschwanden.

Als ich im November in Neuseeland in der Stille war, konnte ich meine Aufmerksamkeit schulen und plötzlich fiel mir etwas auf: Die Ohrenschmerzen traten dann auf, wenn mir etwas aus meinem Inneren mitgeteilt wurde. Dabei handelte es sich entweder um Hinweise oder Warnungen.

Ich hatte sozusagen ein eigenes „Mitteilungssystem" in mir, das mich über Dinge in Kenntnis setzte, die ich mit meinem Bewusstsein nicht bemerkte oder wahrnehmen wollte.

Es war und ist immer noch erstaunlich, wie präzise diese Durchgaben sind.

Manchmal gilt es daraufhin eine Handlung auszuführen. Oft jedoch dient es als eine Hilfe zum Fokussieren. Ich erfahre wohl, dass es meistens in mir still ist. Kein Gedanke, kein Text, kein Kommentar und keine Emotionen. Und gleichzeitig ist da eine Art Sender, der für mich „Wache" hält. Das mag komisch klingen, doch die Aufgabe von diesem Sender hat mit Aufmerksamkeit und Wachheit zu tun.

Es geschieht aus sich selbst heraus. Ich bin sehr dankbar für diese „Erfindung". Nicht nur weil ich ihr vertrauen kann, sondern es ist, als würde sich jemand um mich kümmern. Es ist eines dieser Wunder in meinem Sein.

Für das Lauschen braucht es Stille und Wachheit. Das heißt nicht, dass es außen ruhig zu sein hat, sondern es bedarf einer inneren Stille. Ich kann diesen Ohrenhinweis genauso in der Einkaufsstraße einer Großstadt haben. Kann sein, dass mir nur geflüstert wird, dass ich bitte so schnell wie möglich aus diesem Getümmel verschwinden soll. Etwas kümmert sich um mein Wohlbefinden. Damit sich meine Erfahrungen in Fülle anfühlen können und ich nicht vollkommen ausgelaugt und erschöpft nach Hause komme.
Interessanterweise hört dieser Ohrendruck oder Schmerz sofort auf, wenn ich ihn wahrgenommen habe.
Ich schreibe deswegen über mein Lauschen, da ich sehe, dass es bei allen Menschen vorhanden ist. Es ist nicht etwas Einmaliges, was nur mir passiert.
Im menschlichen Sein existiert so ein Warnsystem. Es benutzt nur kaum jemand oder es fällt niemandem auf.
Bei den meisten Menschen sind die Ohren bereits so überlastet (Telefon, TV, Radio, MP3-Player, Computer), dass keine Kapazität mehr für die innere Stimme zur Verfügung steht.

Ich erwähne deswegen das Lauschen, weil es in deinem Sein eine wesentliche Rolle spielt. Wenn du dich auf den Weg machst, deiner inneren Welt zuzuhören und sie auszumisten, wird dir dieses „System" begegnen.
Es hilft dir, dich zu erinnern und auszurichten, wer du wirklich bist.

2 Was dir alles begegnen kann

Mir liegt sehr am Herzen, dass dieses Buch nicht nur die „entspannte" Seite zeigt: Alles ganz einfach, lehne dich zurück und freue dich am Sein!
Es wäre für mich nicht stimmig.

Ich habe selbst viele Bücher und Videos in meiner Zeit der Suche nach Erleuchtung gelesen und gesehen. Es wurde wohl immer erwähnt, dass Gedanken, Emotionen und Verstand auftauchen. Genauso wie ich bereits darüber geschrieben habe, wie sich bei mir „meine" Dämonen und Prüfungen gezeigt haben.
Doch ich möchte aus eigenen Erfahrungen berichten, damit du nicht zu schnell aufgibst, wenn dir vielleicht Ähnliches begegnet.
Wenn du dich Schritt für Schritt aus dieser Illusion befreist, wird dein wahrhaftiges Sein den Platz einnehmen.
Man mag die Vorstellung haben, dass jetzt endlich Frieden ist und man nur mehr befreit und lächelnd durch die Welt läuft. Was davon wahr ist: Es kann dir niemand mehr diese Erfahrung, dieses Wissen um dein Sein nehmen. Doch du hast weiterhin eine bewusste Erfahrung auf dieser Erde, in dieser Illusion. Und es erfordert deine ganze Wachheit und Aufmerksamkeit, den Fokus zu halten.

Ich erfuhr Sturm und Drang vor allem in der Zeit der Stille, wo jede kleinste Zuckung für mich bewusst wahrnehmbar war.
An manchen Tagen stand ich auf und in mir war ein ruhiges Meer. Ich erfuhr mich in meiner Wahrhaftigkeit und Freude. Scheinbar aus dem Nichts baute sich in mir ein Angstgefühl auf. Meine Magengegend zog sich zusammen, es entstanden

eine Menge unsortierter Gedanken. Plötzlich dachte ich, ich müsste sofort irgendwelche Entscheidungen fällen. Und ich erlebte einen Sturm mit tobenden, grässlichen Wellen.
Was war passiert?
Ich wollte die Schnittstellen wissen, wodurch diese Energiefelder dermaßen eine Realität bekommen konnten.
Es waren simple Dinge, wie z. B. an einen Menschen denken und sich für ihn verantwortlich fühlen. Menschliche Konditionierungen, die wieder eine scheinbare Lebendigkeit bekamen. Ich führte eine Tätigkeit aus und plötzlich kam der Gedanke, kaum wahrnehmbar, ob ich denn das auch richtig und gut machte. Es gab eine Identifikation mit meinem Tun und schon war der „Flow" des Seins unterbrochen und der Verstand bestimmte.
Ich verspürte Schmerzen in meinem Körper und, schneller als ich es wahrnehmen konnte, identifizierte ich mich damit, ausschließlich durch den Gedanken: Ich habe etwas falsch gemacht und deswegen bekomme ich Schmerzen.
Die Gewohnheit, sich auf diese Art und Weise im Menschsein zu erleben, scheint nur darauf bedacht zu sein, Schlupflöcher zu finden, um dein Sein zu prüfen. Was in sich lächerlich erscheint, da es nichts zu prüfen gibt. Doch der menschliche Verstand und die tief sitzenden Konditionierungen sind einfallsreich und scheinbar unüberwindbar.
Kaum hatten sich solche Wellen angekündigt, war es eine Herausforderung, nicht auf ihnen surfen zu gehen. Ich wusste, dass es nur Erscheinungen waren, die vorbeizogen, doch das war leichter gesagt als getan. Es brauchte Training, mit dieser Art von Attacken Gelassenheit und Vertrauen zu bekommen. Durch die Erfahrung des Seins hatte ich wohl in mir meinen Anker.
Einzig und allein half, mich auf mein Sein zu fokussieren und es geschehen und durchgehen zu lassen. Ich wusste aus

unzähligen Situationen, dass es ohne Aufmerksamkeit verschwinden würde. Es nährte sich von dem Gesehen-und-bemerkt-Werden.

Wenn es ganz schlimm wurde, setzte ich mich hin und stellte mir ein tibetisches Kloster vor, wo ich mit Mönchen in der Stille saß, nur um mich besser fokussieren zu können, da es Energiefelder gab, die sich so sehr aufdrängten, dass mir fast die Luft wegblieb. Mir half die Vorstellung, mich in die Kraft dieser Stille des Klosters zu begeben.

Was jedoch auf dieser Reise im Sein eintritt: Die Wellen kommen seltener und seltener. Als würde die Attraktion des Leidens verloren gehen. Der Verstand bekommt kein Futter mehr und das lässt ihn ruhen. So wie im Schlaf, wenn sich das menschliche Bewusstsein eine Pause gönnt. Die Gedankenwelt wird ruhiger und erhält nicht mehr den Glauben daran, dass sie wichtig ist und stimmt.

Du erfährst eine immer größer werdende Natürlichkeit in deinem Sein!

Es mag Zeiten geben, wo du von energetischen Feldern abgelenkt und gequält wirst. Es sind nicht deine!

Meine Erfahrung zeigt mir, dass das kein guter Moment ist, Entscheidungen zu fällen, da sie vom Verstand und aus einer Angst heraus entstehen. Nimm dir die Zeit, dich zu fokussieren und abzuwarten, was aus deinem Sein entsteht.

Ich kenne aus meinem Leben beide Phänomene: die aus Angst getroffenen Entscheidungen und die aus dem Sein.

Rückblickend könnte man sagen, ich hätte mir manch Situation sparen können. Was auch nicht wirklich stimmt, weil da ja niemand ist. Es stellt sich nur so dar.

Im Nachhinein kann ich genau sehen, wo menschliches Bewusstsein gehandelt hat und wenn es aus der Quelle des

Seins sich zeigen durfte. Die Qualität war und ist ein großer Unterschied.
Die wesentlichste Schnittstelle zwischen Menschsein und Sein ist: sich ernst nehmen. Ich habe dieses Thema schon ausführlich beschrieben, doch es liegt mir am Herzen, es nochmals zu betonen.

So lange du dein Sein nicht an erste Stelle setzt, werden dich die Programme und Felder des menschlichen Seins fangen und benutzen. Dich ernst nehmen heißt gleichzeitig auch, deine Lebensaufgabe zu bejahen, da sie Ausdruck dessen ist, wer du wirklich bist.

Ich habe an mir erleben dürfen, wie ich nachts von Schmerzen, Emotionen und Zweifeln gebeutelt wurde. Nur aus dem Grund, weil ich mein Sein und Handeln nicht wirklich ernst genommen hatte und andere Menschen für mich wichtiger waren als ich mir. Und ich hatte mich in meinem wahren Sein nicht gezeigt.
Es mag eigenartig klingen: Was ist denn schlimm daran, für Menschen da zu sein?
Du gehst damit in die Illusion Mensch und bedienst sie, statt dich auf dein Sein zu konzentrieren und es geschehen zu lassen. Du kannst Menschen ausschließlich durch dein wahres Sein zeigen, dass sie in einer Illusion leben. Es gibt dann kein Helfersyndrom in deinem Handeln, sondern du lässt sie erfahren, was es heißt, vollkommen frei zu sein. Jegliche andere Hilfe ist nur ein Tropfen auf dem heißen Stein, wie du besser mit deinem Leid zu Recht kommst.

Das ist keine Befreiung und Lösung. Vor allem steckt hinter diesem Helfen das Bedürfnis geliebt und anerkannt zu werden, weil man sich selbst nicht liebt und leidet.

Ich weiß, es mögen manche bei diesen Zeilen schlucken und sagen, dass das bei ihnen nicht so ist. Bitte überprüfe ganz ehrlich deinen Beweggrund deiner Handlung!

In meiner Arbeit als Heilerin ging es nicht um Helfen, sondern um ein Angebot, aus einer Sackgasse rauszukommen und sich neu zu sortieren.
Wenn ich außerhalb meiner Heiltätigkeit mich in das Feld „Helfer" ziehen ließ, strengten mich die Menschen plötzlich an und ich wurde wütend auf ihre Trägheit. Heute ist mir klar, dass es dann eintrat, wenn ich mich mit Projektionen von Menschen identifizierte. In meiner Lebensaufgabe war es ein Dienen der Allmächtigkeit und ist es heute noch. Da ist pures Sein und Klarheit, ohne Beigeschmack und Nacharbeit.

Indem du dich ernst nimmst in deinem Sein und dich darin zeigst, hat die menschliche Identifikation und deren Wellen keine Chance!
Der Grund dafür ist ganz einfach: Sein hat an sich keine Schwingung. Somit ist es auch kein Träger von Information. Das heißt, es kann nicht mit Codierungen aus der menschlichen Ebene gespeist werden. Deswegen ist Sein frei!

Aus und in ihm kann alles entstehen und ist alles!

3 Widerstand

Aufgrund der Illusion einer Dualität entstehen Widerstände. Es braucht sozusagen die andere Seite, gegen die ich Kräfte entwickeln kann.

Widerstände können sich verschieden darstellen:
Ich will nicht schwarz, sondern weiß.
Ich will ja nicht schwarz oder weiß.
Ich mag alles, nur nicht schwarz.

Im menschlichen Bewusstsein baut sich ein energetisches Feld auf, das etwas vermeiden möchte. Aus diesem Widerstand kreiert sich eine bestimmte Einstellung und Handlungsweise. Der Großteil der Menschen lebt hauptsächlich eine Form des Vermeidens, ohne sich dessen bewusst zu sein. Sie meinen, sie hätten etwas freiwillig entschieden. Doch beim genaueren Hinsehen wurde die Wahl aus einem Widerstand heraus getroffen.

Der Verstand und der menschliche Geist lieben diese Widerstände. Es ist eine Menge Energie und Aufmerksamkeit in ihnen. Die meisten kennen das Beispiel des rosaroten Elefanten. Ungefähr so verläuft es mit der Vermeidung. „Ich denke ja nicht an einen rosaroten Elefanten." (Ich möchte mich ja nicht damit nochmals konfrontieren!)
Das heißt, auf einer tieferen Ebene ist die ganze Zeit Mangel. Es muss etwas aus dem Leben ausgeschlossen werden.

Im wahrhaftigen Sein existiert weder Dualität noch Widerstand.
Es ist niemand da, der ihn aufbauen könnte und es gibt nichts zu vermeiden, da alles sein darf und kann. Es gibt keine Angst, keine Emotionen und in der Kraft des Seins ist Fülle und Liebe.

Was entsteht, wenn du dein wahres Sein erkennen möchtest?

In deiner Selbsterforschung treten Widerstände auf, da dein menschliches Bewusstsein an keiner Auslöschung interessiert ist. Der Verstand wird dir verschiedenste Variationen vorspielen, die dich davon abhalten sollen. Du wirst Momente erleben, wo du dich schlecht fühlst und dich nicht okay findest. Dein Verstand erklärt dir, dass du leider auf deiner „Suche" nach dem Sein versagt hast und es nie schaffst. Ein wesentlicher Hinweis: Setze dem nichts entgegen! Gehe in keinen Gegenangriff und meine, du müsstest dich jetzt sofort gut fühlen und alles unter Kontrolle haben.

Es gibt nicht gut und schlecht fühlen.
Steige nicht auf dieses Spiel ein, sonst baut sich eine Welle auf, die zu Beginn nur eine sanfte Bewegung im Meer war. Nimm es an und lass die Welle durch dich durchrauschen, bis sie wieder im Meer verschwindet. Ja, mag sein, dass du dich schlecht fühlst. Denk dran: Es gibt dich nicht. Du bist reines Sein! Dieses Sein wird von diesen Themen gar nicht berührt. Es ändert nichts an dem, wer du wirklich bist!

Wenn in dir auftaucht: „Ich möchte das nicht, ich möchte etwas anderes", dann entsteht das aus einem menschlichen Bewusstsein. Es zeigt Widerstand gegenüber dem, was ist. Das ist Programm! Frage dich, wer denn hier ist, der etwas möchte?
Das wahre Sein trägt keine Information von Haben-Wollen.

Wenn aus dem Sein eine Entscheidung oder ein Handeln in Erscheinung tritt, wirst du die Erfahrung machen, dass es eine Natürlichkeit und Selbstverständlichkeit besitzt, die nichts infrage stellt.

Ich kann dir raten: Egal welche „Dämonen" sich zeigen werden, gib nicht auf! Irgendwann sind sie es leid und nichts kann dich in die Illusion Mensch zurückführen.

Du bist vollkommen frei!

4 Multidimensionalität

Wenn die Illusion des Menschseins verschwindet, hat die Erfahrung der Multidimensionalität Platz.
Ich habe keine menschlichen Erfahrungen mehr in diesem Sein. Wozu auch? Ich weiß aus Erfahrung, dass die Wellen des menschlichen Seins als Illusion durch mich durchgehen und wieder verschwinden.
Und es kommt der Moment, wo das ganz aufhört. Es existiert keine Konditionierung mehr, dich den Menschen anzupassen.

Du bist reines Sein!

Was bei mir eingetreten ist, beschreibe ich als Multidimensionalität. Es gibt wohl noch ein Bewusstsein, das einen Körper wahrnimmt.
Ich erfahre eine gewisse Art von Präsenz in dem Dasein auf der Erde. Menschen würden sagen: Ich bin an einem bestimmten Ort zu einer bestimmten Zeit. Da nehmen sie mich wahr und dadurch existiere ich für sie.

In mir erscheint das nicht mehr auf diese Art und Weise. Ja, da ist ein Körper an einem Platz und ich bin mir seiner Handlungen bewusst. Gleichzeitig befinde ich mich an vielen anderen Plätzen und Geschehnissen. Diese sind nicht nur auf

die Erde bezogen. Manche könnte ich genau benennen, da es dafür auch die passenden Worte gibt und andere könnte ich versuchen zu beschreiben, doch würden die Begriffe fehlen.
Es geht dabei nicht um einen tieferen Sinn in dieser Erfahrung. Es zeigt auf, dass Allmächtigkeit keine Grenze hat und unser Dasein sich nicht nur auf menschliche Erfahrungen beziehen muss, sondern sich eine Unendlichkeit an Möglichkeiten anbietet.
Und ich bin davon überzeugt, dass jeder Einzelne seine eigene Erfahrungswelt hätte. Wozu Wiederholungen, wenn alles da ist?
Doch auch hier gibt es kein Ich, das bestimmt, wo es erscheint und was es tut. Es ist ein Geschehen-Lassen. Es entsteht aus sich selbst.

Für mich ist es nur die Bestätigung, dass die Illusion Mensch viel größer angelegt ist als für das, wofür sie genutzt wird. Und die einzige Möglichkeit, damit wieder frei spielen zu können, ist das Erkennen von deiner wahren Größe und das Sterben deiner Identifikation mit einer Menschform.

5 Frei sein

Der Großteil der Menschen würde meinen, dass finanzielle Freiheit gleichzeitig sie frei sein lässt. Wie viele nennen den Lottogewinn als Lösung ihrer Probleme. Doch es ist schon längst erwiesen, dass dieser niemanden befreit hat.
Geld ist genauso Illusion wie alles andere, was den Menschen umgibt und was er schafft. Es kreiert sich ausschließlich aus seiner kleinen Bewusstseinsform und Erfahrungswelt und wird dieser immer wieder angeglichen.
Geld kommt und geht und vergeht!

Es wurde besetzt mit Emotionen, Wünschen, Projektionen und Abhängig-Bleiben.

Wenn du dein wahrhaftiges Sein erkennst, gibt es die Frage und Beschäftigung mit dem Geld nicht mehr.
Es ist niemand da, der dem Aufmerksamkeit geben könnte.
Es stellt sich nicht als Thema, genauso wie es niemanden mehr gibt, der eine „glückliche" Beziehung, Besitz, Erfolg und Reichtum möchte. Die gesamte menschliche Komponente ist nicht mehr gegenwärtig.
Manch einer mag sich fragen, wie man da leben kann?

Leben – gar nicht!

Sein! Da sein! Es geschehen lassen und beobachten und den Beobachter beobachten …, schmunzeln, staunen …, frei sein!

Geld ermöglicht Dinge zu bekommen oder zu erleben, die in dem menschlichen Bewusstsein sich abspielen. Das ist kein Freisein. Das ist surfen in der Box!
Du bist weiterhin gefangen in deinem emotionalen Müll, Gefühlen, Gedanken und der Identifikation mit einer Illusion, die dich am Ende sterben lässt.
(Ich schreibe deswegen so ausführlich über das Thema Geld, da es IMMER als Ursache genannt wurde im Bezug auf Freisein und Glück.)
Wirklich frei sein in allem, was ist, kann dir nur in deinem wahren Selbst begegnen.
Da existieren keine Vorgabe und keine Limitation. Du bist nicht Opfer deines menschlichen Bewusstseins, da dieses nicht mehr ist (und auch nie wirklich da war).

Du magst weiterhin Erfahrungen in der Illusion machen, doch du gibst ihnen keine Aufmerksamkeit und Wichtigkeit mehr.
Deine Selbsterforschung hat sich ausgezahlt. Dein Erkennen deiner wahrhaftigen Natur lässt dich frei sein!

6 Und dann ...

Neun Monate verbrachte ich fast ausschließlich in Stille und mit mir allein. In dieser Zeit war ich dem Meer immer ganz nahe und konnte viel von ihm lernen. Wasser ist ein guter Lehrer für das Sein. Ohne eine Form zeigt es dir gleichzeitig tausend Gesichter.

Was du gerade gelesen hast, sind Teile meiner Erfahrung aus dieser Zeit und aus dem Leben davor. Die Erforschung meines Seins ist zu Ende.
Menschsein existiert nicht mehr. Mich gibt es nicht und hat es auch nie gegeben. Es ist nur eine momentane Erscheinung.
Ich bin frei und alles ist!

Ich kann nicht sagen, wie mein Dasein weiterhin sich zeigen wird und es ist auch nicht wichtig! In mir möchte niemand etwas wissen. Was immer erscheint, ist herzlich willkommen. Alles, was ich an Fähigkeiten geschenkt bekommen habe, ist nicht nur für mich vorgesehen. Doch es braucht die Weite und Grenzenlosigkeit deines Seins, da sich das, was sich dir offenbaren kann, in der menschlichen Form und Illusion nicht erkennen kann.
Es gibt alles und wer seinen Fokus auf sein wahrhaftiges Sein richtet, der wird keinen Tag erleben, wo er nicht Wunder,

Großartigkeit und Unendlichkeit gezeigt bekommt. Mein Dasein durchdringt alles und ich muss und kann nichts kontrollieren oder bestimmen. Ich erfahre mich weder glücklich noch unglücklich. Am besten beschreibt es sich als ein selbstverständliches Getragen-Werden. Es ist völlig natürlich, mich im Sein zu erfahren. Es gibt keine Emotionen oder Gefühle. Vielmehr ist es ein Berührt-Werden von dem, was ich alles erfahren darf. Ich kann nichts steuern, es ist nicht mein Wille, der geschieht. Etwas viel, viel Größeres zeigt sich durch mich. Es braucht nur das Zulassen. Ich erfahre es als Gnade.

Es ist Hingabe und ein Dienen, ohne dass es einen Meister gibt. Da ich selbst der Meister in meinem allmächtigen Sein bin!

6 ANREGUNGEN

In diesem Kapitel möchte ich dir ein paar Ideen geben, die dir dienlich sein können. Es gibt nichts zu tun, um dein Sein zu erreichen. Es ist immer gegenwärtig.
Vergiss die Konzepte über Bewusstseinserweiterung und spirituelle Erlebnisse. Es gibt keine Übungen, die dich wertvoller, vollkommener oder erleuchtet machen. Und doch fordert es Selbsterforschung!

Prüfe dich selbst, wie weit du Entschuldigungen findest, die dir scheinbar den Weg versperren! Oder ob du dich klar entschieden hast, für dein wahrhaftiges Sein zu gehen.

Du kannst dein ganzes Leben damit verbringen, den passenden Meister oder den richtigen Zeitpunkt zu finden. Dein Verstand will dich damit nur auf Trab halten. Du kannst Glaubenssätzen folgen, dass Erleuchtung mindestens zwölf Jahre auf eine weiße Wand starren dauert. Oder du weißt, dass es kein Konzept gibt, wie du dich erkennst!

Du musst es wirklich wollen!

„Es reicht nicht aus, im Restaurant das Menu zu lesen. Du musst es essen und schmecken."

Stelle dir vor man bietet dir an, dass du jetzt frei sein kannst und dein wahres Sein erkennen, sozusagen sofortige Landung, Ziel erreicht! (Dualität beendet, Identifikation gestorben.) Und gleichzeitig bietet man dir an, dass du auf Reisen gehen kannst, um herauszufinden, wer du wirklich bist.

So wird dein menschlicher Geist die Reise wählen und dir erklären, dass du noch dies und das zu tun hast. Dann erst bist du bereit, im Sein zu landen. Es liegt an dir, was für eine Entscheidung du fällst.
Du kannst auf der Landkarte suchen und reisen oder erkennen, dass du die Landkarte bist ..., und dass es gar keine Landkarte gibt.

Überspringe dieses Kapitel, wenn du meinst, es nicht zu brauchen!
Fühle dich frei! Ich mache dir nur ein Angebot! Ich kann dir nicht etwas geben, was du sowieso schon hast und bist.

Es sind Anregungen, die dir helfen können zu erkennen, was du alles nicht bist. Sie sind wie Reinigungsmittel, um den Müll zu entsorgen. Manche davon sind wie die Glocken und Gongs in den tibetischen Klöstern: Sie dienen als Hilfestellung für deinen Fokus auf das Sein!

Was für Erfahrungen du machen wirst und was immer dir geschenkt wird an Wundern, wird einmalig sein.
Ich erzähle hier, was wahrhaftiges Sein ist und wie es durch mich in Erscheinung tritt. Erinnere dich: Alles ist!

... Vielleicht treffen wir uns irgendwann ..., frei, in Liebe, Großartigkeit und Fülle!

Im allmächtigen Sein sind wir eins!

1 Beobachte deine Gedanken und Gefühle

Es kann dir helfen, dass du dir jeden Tag ein paar Minuten Zeit nimmst dich hinzusetzen und zu beobachten.
Was taucht auf?
Welche Texte ziehen durch dein Bewusstsein?
Wie fühlt sich dein Körper an?
Bewerte nichts, sondern sei nur Beobachter!
Wer denkt und fühlt hier überhaupt?
Wer stellt diese Frage?
Forsche tiefer und tiefer! Gebe dich nicht mit einer „billigen" Antwort zufrieden.

2 Stoppe bewusst Gedanken und Gefühle

Beobachte das Auftauchen von Gedanken und Emotionen und in dem Moment, wo sie beginnen, „ihre Kassette" abzuspulen oder sich aufzubauen, spreche in dir bewusst den Satz: „Alles, was nicht zu mir gehört, wird sofort gelöscht."
Es kann sein, dass du die Erfahrung machst, dass es in dir still wird oder die Emotion verschwindet.
Es zeigt dir, dass es nicht DU bist, der denkt oder fühlt, sondern dass es einfach Felder sind, auf die du reagierst.

3 Dein Sein wird vom Menschsein nicht gestört

Wenn in dir Gedanken kreisen, Emotionen dich einfangen und quälen, Gefühle dich Berg-und-Tal fahren lassen, dann sei dir bewusst, dass du das nicht bist.
Sie sind wie die Wellen des Meeres. Sie tauchen auf und verschwinden wieder.

Das Meer als solches ändert sich nicht. Wasser bleibt Wasser. Gib ihnen keine Aufmerksamkeit! Das ist genau, was der Verstand möchte. Es ist als würdest du Brennspiritus ins Feuer geben. Spreche nicht darüber, dass verstärkt es nur. Auch das erzeugt Aufmerksamkeit. Stattdessen helfe dir mit dem Satz: „Ich bin, ich bin, ich bin …" Und lasse die Woge vorüberziehen.

Wenn die Welle vorbei ist, wirst du staunen, wie sehr es dich in deinem Sein nicht berührt hat und du wieder in Stille zurückkehrst.

4 Begebe dich so viel wie möglich in Stille

Stille hilft dem Geist, zur Ruhe zu kommen und Raum zu geben für das Nichts. In diesem Nichts tritt dein Sein in Erscheinung und kann mit dir kommunizieren. Wenn alle Leitungen ständig besetzt sind, hat es keine Chance, mit dir in Kontakt zu treten. Du musst nicht meditieren oder irgendeine besondere Körperstellung dazu einnehmen. Spaziergänge in der Natur sind bereits eine große Unterstützung.
Achte darauf, ob du die ganze Zeit „Beschallung" brauchst! Damit meine ich Radio, TV, Computer, Telefon, Zeitung. Dies alles dient nur der Ablenkung und dem Verstärken menschlicher Programmierung!
Ohne Stille kannst du nicht den Müll erkennen, der dir die Illusion vorgaukelt. Das Netzwerk ist viel zu dicht, als es nebenbei mal aufzulösen.

5 Beobachte deine Sprache

Durch die Art wie du sprichst, zeigen sich ein Großteil deiner Programme. Nimm dir die Zeit, dir selbst zuzuhören und dich zu fragen, ob deine Worte wahrhaftig sind!
Weißt du wirklich, dass das, was du erzählst, so ist? Oder sind deine Aussage reine Annahmen oder vielleicht sogar nur Wiederholungen von vorgefertigten Texten? Ist es überhaupt notwendig, was du erzählst? Wie viel Mangel, Zweifel und Bewertung ist in deiner Sprache?
Setze dich dann für einen Moment hin und lass es in dir still werden (manchmal hilft es, sich dabei auf den Atem zu konzentrieren).
Welcher Text möchte wirklich über deine Lippen kommen?

Wenn du aus deiner Wahrhaftigkeit sprichst, gibt es keine vorgefertigten Worte. Sie fließen aus dir heraus und du bist wie ein Beobachter. Du musst sie nicht kontrollieren und nicht auswendig lernen.
Es kann auch sein, dass gar kein Wort in dir entsteht und nur Stille ist. Ein Zeichen, dass dein Reden aus einem menschlichen Bewusstsein und dem Verstand kam.
Lass diesen „Lärm" in dir und aus deinem Mund immer weniger werden, damit dein wahres Sein durchkommen kann.

6 Rechtfertigung – Klarheit

Wenn dir auffällt, dass du dich oft für deine Entscheidungen, dein Tun und Handeln rechtfertigst, ist es ein klares Zeichen, dass damit etwas nicht stimmt.

Überprüfe, wodurch die Rechtfertigung ins Leben gerufen wird! Kann es sein, dass aus einem Widerstand die Entscheidung gefallen ist? Ist in der Handlung Protest oder Verzweiflung? Forsche in dir, was der Beweggrund ist. Und dann frage dich, wer hier überhaupt entscheidet, sich rechtfertigt und handelt. Ist es ein Verstand, Angst, Zwang oder Not? Ist da überhaupt jemand?

Erinnere dich: Ein Handeln aus deinem wahrhaftigen Sein erklärt sich nicht und braucht keine Überzeugungsarbeit für andere. Durch dich wird gehandelt und das ist es.

<u>Anregung</u>
Wenn eine Entscheidung ansteht, setze dich hin, werde still und lasse erst alle Wellen im Meer verschwinden! Dann lausche in diese Stille und Weite. Was taucht auf, was wirklich gemacht werden möchte?
Nimm dir die Zeit! Steige aus dem Getöse von „ich muss" aus! Lass Menschsein einen Schritt zurücktreten, damit deine Allmächtigkeit dich führen kann.

7 Fokus

Wenn du bereit bist zu sterben, um zu erfahren, was dein wahrhaftiges Sein ist, braucht es eine absolute Klarheit.
Im menschlichen Sein ist alles daran interessiert, dich vom Freisein abzuhalten. Ich meine wirklich alles und jeden. Du bist damit auf dich allein gestellt.
Manche „erleuchteten Meister" haben die Gnade, für dich wie Wegweiser zu dienen. Und ich schreibe nicht zufällig manche.

Es gibt Aufgewachte, die über Sein reden, doch da es nicht ihr Dharma ist, bleibt eine Energie der Identifikation im Raum, die die Teilnehmer im Menschsein festhält.
Und dann gibt es Meister, deren Lebensaufgabe es ist, durch ihr Sein für andere wahrlich da zu sein. In ihrer Gegenwart können Teilnehmer Erleuchtung erfahren.

Du kannst genauso ohne einen Meister dein Sein erkennen. Es ist deine freie Entscheidung, welchen Weg du gehst. Dem Sein ist es völlig egal, da es sowieso in allem gegenwärtig ist.

Dein Fokus ist wesentlich!
Wie wichtig ist dir dein wahrhaftiges Sein?
Wie ich bereits in der Geschichte des Fahrschülers und Scheibenwischers geschrieben habe – deine Ausrichtung ist die Straße.
Was du dir dabei für Hilfsmittel holst, ist dir überlassen, so lange sie nur als „Anker" dienen. Es kann ein Text, ein Video von einem Meister, eine Murmel in deiner Hosentasche oder ein Bild sein. Es ist egal. Sie dienen nur als Brücke.
Dein Bewusstsein wird eine solche Klarheit bekommen, dass der Fokus in dir immer gegenwärtig ist.

Sei wach! IMMER!

Wie ich bereits beschrieben habe, gibt es viele Ablenkungen, die es dir nicht gerade leicht machen wollen. Vergiss nie: Das bist nicht du! Sie gehen vorüber und irgendwann verschwinden sie ganz. Nichts davon hat mit deinem Sein zu tun!

Wenn eigenartige Gedanken, Emotionen und Empfindungen sich Platz machen wollen, halte sofort an!
Setze dich hin, vielleicht trinkst du ein Glas Wasser und dann fokussiere dich auf das Wesentlichste: dein Sein! Lass es nicht „aus den Augen"!
Damit gibst du den menschlichen Energiefeldern keine Aufmerksamkeit und sie bekommen kein Futter. Gebe nicht auf! Sie mögen Tausende Male auftauchen. Das menschliche Bewusstsein versucht es immer wieder. Es lässt sich nur „scheinbar" nicht so einfach wegwischen. Doch du wirst aus deinen Erfahrungen merken, dass diese Ablenkungen verschwinden.

Dein Sein wird als natürliche Erfahrung Platz bekommen.

8 Ich bin

Diese zwei Worte haben mich sehr lange begleitet. Unzählige Male habe ich meist bei meinem täglichen Laufen diesen Satz benutzt. Einatmen: ich. Ausatmen: bin.
Wie eine Meditation, eine Trance entstand dadurch in mir. Es hielt mich ab, Gedanken und Verstandestext Raum zu geben. Und gleichzeitig erzeugte es eine Kraft und Ruhe.

Wenn du eine Zeit lang diese Worte sprichst, kann es sein, dass sich das Wort ICH auflöst und nur mehr BIN bleibt. Und es kann sein, dass sogar das BIN verschwindet und du einen inneren Frieden oder Weite empfindest.

Egal wo du dich aufhältst, ob in einem Bus oder in einer U-Bahn, im Supermarkt, beim Spaziergang, nutze immer wieder diese einfache Formel, dich mit deinem Sein in Resonanz zu bringen.

9 Ressourcen

Auch wenn im Sein alles ist und es durch dich in Erscheinung tritt, ist meine Erfahrung, dass ich manchmal mich aufgefordert fühle, bewusst Downloads oder Aktivierungen von Ressourcen einzusetzen.

<u>Als Beispiel</u>
Es zeigt sich, dass ich an einen bestimmten Ort reisen soll. Ich lade bewusst das Kraftfeld ein, das mich an diesem Platz unterstützen und führen soll. Ich fokussiere mich in meinem allmächtigen Sein. Ich heiße mein Lauschen willkommen, damit ich wach bin, was es zu tun gibt. Falls dort eine andere Sprache gesprochen wird, bitte ich um Downloads für ein leichtes Verstehen und Kommunizieren. Es geht für mich um ein Wachsein und Ernst-Nehmen in meinem Dasein.
Der Einsatz meiner Ressourcen entsteht jedoch aus sich selbst und nicht durch meinen Willen.

Auch wenn es so klingen mag, als lehne man sich im Sein einfach mal eben gemütlich zurück. So ist es das nicht wirklich. Worte können das nicht beschreiben.

Es hat Kraft, Präsenz und bietet weiterhin Erfahrungen an. Es ist für mich ein Geschehen-Lassen und darin bin ich vollkommen präsent und klar! Es ist nicht ein Abgeben und Abwarten, was passiert. Was geschieht, kann ich nicht steuern, ich bin ausschließlich wach!

10 Lausche deiner inneren Stimme

Es gibt niemanden, der nicht Hinweise bekommt. Ob sich das als Intuition, innere Stimme, Hinweise aus der Umgebung oder Natur zeigt, ist nicht wesentlich. Vielmehr geht es darum, dich dafür wach zu machen. Deiner inneren Stimme zu folgen, bedeutet ein Still-Werden im Außen und Innen, sonst kann sie dich nicht erreichen.

Achte in deinem täglichen Leben darauf, dass es genug stille Momente gibt!

Permanente Beschallung ist bei vielen Menschen Gewohnheit. Meistens aus dem Grund, weil man sonst hören oder fühlen könnte, wie es einem wirklich geht. Trau dich hinzuhören!

Kann sein, dass du bei Hinweisen aus der Umwelt etwas hineininterpretierst. Das ist erst mal nicht wichtig. Wesentlich ist, dass dir auffallen wird, wie sehr du mit allem verbunden bist.
Wie kannst du wissen, dass es dein wahrhaftiges Sein ist, was zu dir spricht?

Deine innere Stimme bewertet nicht und gibt klare Ansagen, die in dir kein: „Ja, aber ..." auslösen. Und doch ist es eine Herausforderung, ihr zu vertrauen.
Ich kann aus meiner Erfahrung sagen, dass ich mir manches an schrägen Feldern hätte sparen können, wenn ich ihr simpel gefolgt wäre. Das Vertrauen wächst mit jeder neuen Situation, in der deine Stimme auftaucht.

Wenn du ihr nicht folgst, dann nur deswegen, weil ein menschlicher Verstand sich einmischt und du dich damit identifizierst. Meistens braucht es gar keine Stimme, da dein Handeln aus dem wahrhaftigen Sein erscheint und es kein Widerstand einer Person mehr gibt.

11 Verantwortung

Im Sein gibt es keine Verantwortung. Es ist.
Bei deiner Selbsterforschung kommt dir vielleicht die Aussage von „Erleuchteten" unter: Vergiss nicht, du bist das alles nicht, was da auftaucht!
Manche Menschen ruhen sich in dieser Aussage aus. Da man nicht zuständig ist für sein Denken, Fühlen und Handeln, kann man sich ja treiben lassen.
„Ich kann nichts dafür, wenn ich wütend werde und ausraste. Das ist eben so. Das bin ich nicht."

Das Nicht-Identifizieren ist sicher hilfreich. Es schafft Raum und Distanz zu dem menschlichen Sein. Doch es ist deine Verantwortung gefragt im Bezug auf dein Sein!
Wenn du das alles nicht bist, was bist du dann? Gehe in dich und beantworte dir diese Frage!
Lass es nicht an der Oberfläche stehen und wehre dein Menschsein nicht einfach damit ab: Das bin ich nicht.

Zum Schluss ein Beispiel zum menschlichen Geist:

„Das Glas Wasser"

Stelle dir ein Glas Wasser vor, in dem Dreck sich abgelagert hat. Wenn du das Glas schüttelst, wird der Dreck sich verteilen und das Wasser wird trüb.
So kann dein Bewusstsein sich verdichten. Du kannst dann nicht klar denken und hast keinen Durchblick.
Was hilft: Setze dich für einen Moment hin und warte, bis sich der Dreck wieder am Boden gesetzt hat. Dann kehrt klares Wasser/klarer Geist zurück.
Der Verstand, Bewusstsein und Mensch sind weder gut noch schlecht. Sie sind eine Erscheinungsform, die aus dem Sein entsteht. Sie sind reine Illusion!

Das Einzige, was zählt, ist das Erkennen deines wahren Seins. Das ist Freisein!
Und in dieser Freiheit ist ALLES!

Ich möchte dir aus ganzem Herzen mitgeben: Sei in Stille, halte zwischendrin an und lausche! Nimm dir Zeit für Stille. In ihr erfährst du deine Präsenz! Erforsche, wer du wirklich bist! Das ist eine ganz persönliche Sache.

Meditationsreise

Lege dich bequem hin und schließe deine Augen. Gehe mit deiner Aufmerksamkeit zu deinem Atem und beobachte das Heben und Senken von deinem Brustkorb. Vielleicht gibt es sogar eine Atempause.
Beginne beim Einatmen „ICH" zu denken und beim Ausatmen „BIN". Führe das eine Zeit lang aus, bis langsam das „ICH" verschwindet.
Stelle dir vor, wie du auf einem Berg stehst und weit über das Land und über das Meer blicken kannst. Der blaue Himmel leuchtet und die Sonne strahlt. Ein leichter Wind bläst dir ins Gesicht. Und mit jedem Atemzug beginnst du dich auszudehnen und immer weiter zu werden. Dein Körper verliert seine Form und ist reines Leuchten. Und noch weiter geht diese Ausdehnung, bis du mit allem verschmilzt. Du erlebst keine Trennung mehr von dem, was dich umgibt. Und plötzlich merkst du, wie mit dem nächsten Windhauch alles durch dich durchfließen und strömen kann. Es ist alles eins!
Und es wird dir eine Großartigkeit und Kraft bewusst! Du bist in allem und alles ist in dir! Und du weißt tief in deinem Inneren, dass du allmächtig bist. Du fühlst dich darinnen geborgen und kraftvoll. Es ist still und endlos in seiner Ausdehnung. Es erscheint für dich völlig natürlich, dich so groß und unendlich zu erfahren.
Das ist dein wahres Sein. Und in diesem Sein ist ALLES!
Jeder Atemzug speichert diese Erinnerung, wer du wirklich bist, in deinen Zellen. Und wenn du langsam deine Augen öffnest, behältst du diese Weite und Großartigkeit in deinem Bewusstsein.
Du bist wahrhaftiges Sein!